0歳からはじまる

オランダの性教育

リヒテルズ直子
Naoko Richters

日本評論社

0歳からはじまる　オランダの性教育

目次

第3章

生殖とセクシュアリティについての教育

第7章　性にオープンな社会への道

タブーを打ち破ってきた人々

第1章

日本とこんなに違う、オランダ人の性意識

「ピルを持っていくのを忘れちゃダメよ」!?

今から15年ほど前のことです。娘が当時中学3年生、こちらオランダでは年度末で、まもなく夏休みに入るという頃でした。

娘が言うには、同級生のステファニーがボーイフレンドと一緒にロンドンにバケーションに出かけることになったそうです。「ふーん、やっぱりオランダだなあ、中学に入学した時にはお母さんのかげに隠れて恥ずかしそうにしていたステファニーが、もうそんなことをするんだ」とこころのなかで密かに思いめぐらしていたところ、娘はこう続けました。

「ステファニーがお母さんにそう言ったら、お母さん、『ピルを持っていくのを忘れちゃダメよ』って言ったんだって」

「おっと、なにそれ⁇」。同年齢の娘をもつ母親として、私はこの話に内心たまげて、いくらかドギマギしてしまいました。

長年、オランダ人の夫と付き合い、オランダの人たちの考え方も理解していたつもりでしたが、思春期のオランダの子どもやその親たちがどんな行動・態度をとるものなのかはみえにくい部分もあり、この意外な会話の展開についていけなくなりそうでした。仮に娘がボーイフレンドとバケーションに行くと言ったら、はたして自分は許せただろうか。ましてや「ピルを持っていけ」などとさらりと言えただろうかと、けっこうショックだったのを覚えています。

他方、友だちのこととはいえ、そんな話をスラスラ母親にしてくるわが娘にも、少しばかり驚きました。こういうことを抵抗なく言える、つまり、性の問題をタブー（口にして触れてはならない事柄）としない文化をもつ社会や学校のなかで娘は育ってきているということなのです。

誤解のないように言い添えますが、当時娘が通っていたのは、ギムナジウムと呼ばれる、いわゆる大学進学準備校。それも、普通の大学進学準備校では教えないギリシャ語やラテン語も必須科目の、どちらかというと保守的・伝統的なエリート教育機関で、すんなりいけば、多くの生徒が専門職への道を進んでいく、という学校です。

ただ、進学校だからといってみな勉強だけをガツガツやっているわけではなく、年頃の子らしく恋もすればお化粧もするし、交際している生徒同士のカップルも珍しくありません。年度末やクリスマスが近づくと、生徒たちだけで、学校の講堂や街中のディスコでダンスパーティを開催し、みんなお化粧をしたり、ちょっとおしゃれなドレスを着たりして夜中まで楽しみます。

わざわざステファニーを引き合いに出すまでもなく、交際はあって当然だし、クラスメイトが性交渉をしたり避妊をしたりしていても、とりたててそれを「非行」だの

「不良」だのと咎めだてする雰囲気はありません。ピアスもお化粧もダメ、髪の色を染めるのは不良のすること、靴下の色は白でスカート丈は◯◯センチ……と事細かな校則がある日本の中学校や高校からするとトンデモナイ学校だと思われるかもしれませんが、決してそんなことはないのです。

まさしく「公明正大」なパートナーとの交際

オランダでは、恋愛関係にあるパートナーができると、お互いの両親や兄弟姉妹に紹介するのが普通です。たとえ中学生であってもそれは同じで、特定の相手と恋愛を意識して付き合いはじめると、まもなく家族に紹介します。そして、双方の家族の誕生日などの催し事に、ほとんど必ずといっていいほど一緒に出席するようになります。それは、「私は今この人と交際しているので、ほかの人とは付き合いません」という、一種の意思表示でもあるのです。

日本では、中学校や高校の生徒手帳によく「男女交際は公明正大に」などと書かれています。日本では学生の場合、交際そのものが「まだ早い」「不良」「恋愛になんかうつつを抜かさず勉強しろ」などと言われがちで、どこか後ろ指をさされかねない雰囲気がある気がします。

これとは対照的に、オランダの子どもたちは、まさしく「公明正大」にパートナーを連れて家族・親族・友人との社交の場に出ていくのです。それは、交際そのものが、隠しだてをする必要のない、あって当たり前のものとして受け入れられているからにほかなりません。

こうした文化をもつオランダのような国に対して、日本など性の話題をなかなかオープンに話せない国に住む人のなかには、「フリーセックス」が当たり前、誰彼なく淫らな性交渉をしている……といったイメージを抱く人もいるようです。でも、それは現地の人々の意識を知らないために、また、おそらくは日本的な性意識で無理に理解しようとするために起きる極端な誤解です。

たしかに、結婚前に性交渉をするカップルは多いです。高校を卒業して、法的な成人である18歳となり、大学や職業訓練校に通うようになると、若者たちは、たいてい親もとを離れて、学校の近くに住まいを定めて暮らしはじめます。どの大学や訓練校もみな授業料は同じで安価ですから、親の経済力にかかわらず、ほとんどの学生は、適度にアルバイトをし、適度に親からの援助を受けながら、しかし出費を切り詰めつつ安い寮や下宿で暮らしています。交際がはじまると、ほぼ当然のように、お互いの下宿を行き来し、まもなく同棲に至るのも、そのほうが住居費が安上がりという、学生ならではの計算が働いているからかもしれません。もちろん、同棲に対して寛容な社会であることも理由の一つです。

同時に複数のパートナーと交際するということは、ほとんどありません。そういうことをすれば、周りから非難を浴びることになるでしょう。オランダの人々は若者の恋愛や性愛には寛容ですが、誰かを裏切り犠牲にする複数の相手との交際は、よほどの例外を除き、周囲のひんしゅくを買います。オランダや北欧諸国はもともとキリスト教倫理観の強い国ですから、社会の通念として、背信に対する目は厳しいのです。その意味で、男性優位の社会によくある、「男気」を発揮してみせるとか、妻子をもつ男性が盛り場などで若い女性に囲まれて「羽振り」のいいところをみせる、「猥《わい》談《だん》」に花を咲かせるといった態度は、オランダではあまりみられないし、一般的にネガティブな行動として受け止められます。

避妊手段へのアクセスしやすさ

中学生の娘に、母親が「ピルを忘れないように」と言ったという冒頭のエピソードに、私と同様、驚かれた方は少なくないことでしょう。

実をいうと、オランダでは、50年ほども前から避妊ピルは合法的に認められており、ホームドクター（家族がかかりつけの総合医）に話せば処方してもらえます。

オランダのホームドクターは、女子中学生が「ピルを処方してください」と言ってきた時に、「ピルなんか使ってもうセックスしているの、ダメじゃないか」などとは絶対に言いません。

オランダでは、21歳までは、避妊薬などの避妊手段は健康保険の対象になっており、ホームドクターで処方されるピルも無料で入手できます。また、うっかり避妊せずにセックスをしてしまい、望まない妊娠が気になった時に非常手段として使うモーニングアフターピル（緊急避妊薬）は、ドラッグストアで、絆創膏や解熱剤と同じように買えます。

もちろん、思春期になったばかりの子どもたちにセックスを奨励しているわけではありません。「未成年の望まない妊娠」は、妊娠中絶によるからだへの悪影響、出産による退学などが生じやすく、仮に父親と結婚したとしても、若い親に育てられる子どもの養育環境の問題や経済的不安定などにつながり、その後の人生に大きな負担をもたらします。

こうした未成年の妊娠が引き起こすさまざまな問題については、この本でこれから説明していく性教育の一部として学校で取り扱われています。むしろ、種々の避妊手段やモーニングアフターピルなどは、あらゆる意味において発達途上にある未成年者たちの、一時の興味本位の行動から引き起こされる「失敗」が、一生に影響するつまずきになることのないように、予防手段、緊急手段として認められていると考えるべきでしょう。

小学校高学年から促される「自立」

先ほどから名称が出ている「ホームドクター」というのは、オランダに特徴的な制度で、オランダに住むすべての人は、自宅近くの総合医をかかりつけの医者として登録するしくみになっています。病院の専門医にかかるためには、まず、ホームドクターに紹介状を書いてもらわなければなりません。

ホームドクターは患者一人ひとりを長期にわたって診ていますから、病歴も家族の事情もよく知っています。でも、診察室で患者が話したことは、家族だからといって特別の理由なくペラペラ話してはいけないことになっています。ただし16歳未満の子どもの場合は、保護者に確認をしなければならないという決まりがあります。しかし16歳になると、未成年でも法的には自由意志による性行為が認められていますので、ピルなどの避妊手段について相談を受けたホームドクターには、保護者に対する報告や確認の義務はありません。

私がまだオランダに住みはじめてまもない頃、ひどい流感にかかって高熱を出した息子を連れて、ホームドクターのところに行ったことがありました。診療時間はわずか10分。短い時間できちんと話さなければと息せき切って息子の病状をまくしたてる母親の私を、ホームドクターは「息子さんはもう11歳でしょう、自分で自分の病状を説明できるでしょう」と軽くいなして、「アルバート、自分でどんな様子か話してごらん」と、私にはそっぽを向いて、息子と話をはじめました。

たしかに、「自立」とは、成人になったからいきなりできるというものではありません。小さい時から少しずつ、できる範囲内で経験的に学んでいくことによって、それは可能になっていくものなのでしょう。

ですから、初潮を経験し、思春期を迎え、恋人ができて、性交渉をする可能性が強まったと感じる少女たちもまた、原則的には自分（一人）でホームドクターに行き、事情を話してピルを処方してもらうのです。女の子も思春期になると、恋人がいなくても、万が一に備えて避妊手段を準備しておくことが性教育で勧められていますので、ピルやコンドームを携帯しているからといって「セックスをするつもり」とも言い切れません。

考えてみれば、このくらいの年代になれば、からだはすでに性交渉をして子どもを出産できるほどに成熟しています。それならば、精神的にも、成熟した自分のからだにみずから責任をもち、それが誰かから傷つけられることのないよう準備しておくのは当然だと考えられているのです。

避妊の方法については、通常、小学校の最終学年頃、つまり思春期がはじまる前に、男女の生徒が同じ教室で一緒に習います。コンドームやピルにかぎらず、ありとあらゆる方法を一度に教えています。子どもたちは身体的にはまだ成熟していないわけですから、たぶん「何のことかチンプンカンプン」「よくわからないけど、そろそろそういうことを知っておかないといけないらしい」というこころもちで聞いているのでしょう。

性ホルモンの分泌が活発となり、誰かのことが気になったり、ネットやマスメディアの性描写にドキドキしたり、セックスへの関心が密かに高まったりする思春期以降の未成年には、性に関する正しい情報を提供したり性相談を受け付けてくれるウェブサイトを紹介するなどして、安全な避妊のために、ピルやコンドームのほか、リング、スパイラル、ホルモンロッド、注射式ピル、避妊膏などを紹介し、各人が自分に合った確実な避妊手段を使うように指導しています。とくにコンドームは、単に避妊手段としてだけではなく、性病やエイズ予防のためにも推奨されています。

オランダの保健局では、「安全なセックス」とは「二つの避妊法を併用する」ものとされており、その代表はコンドームとピルです。先に述べたようにピルは21歳まで保険が適用され無料、コンドームは、保険会社や製造会社が年間一定数を無料で配布するなどして、若者たちの積極的な使用を奨励しています。

意外と低い10代の性交渉体験率

さて、これほど性についてオープンに語られ、ピルやコンドームの入手も簡単なら、青少年の性交渉もきっと早いに違いない、と思われても無理はありません。しかし統計をみてみると、意外な結果であることに驚きます。

世界保健機関（ＷＨＯ）のヨーロッパ支部（WHO-Europe）は、5年ごとに、ヨーロッパ諸国および北アメリカ、ロシアなどの国々の11－15歳の子どもたちを対象として、健康行動についての総合的な調査（Health Behaviour in School-aged Children (HBSC) study）を行い、結果を発表しています。最も新しいものは、２０１３・２０１４年のデータをもとにした２０１６年の報告です［★1］。

その第5章は、子どもたちの性行動についての調査結果をまとめたものですが、そのなかに、15歳児の性交渉体験者のパーセンテージを国（地域）別に比較したものがあります。これをみてみると、オランダの15歳児の性交渉体験率は、40ヵ国（地域）中36位と、目立って低いことがわかります。40ヵ国（地域）全体における性交渉体験率の平均が、女子17％、男子24％（計21％）であるのに対し、オランダでは女子16％、男子15％にとどまっています。開放的な性意識や性教育の普及では、オランダと同様「進んでいる」といわれるデンマーク（3位）、スウェーデン（7位）、フィンランド（8位）に比べてずっと低いですし、宗教意識や「表現の自由」などへの意識があまり変わらないと思われる中央から西のヨーロッパ諸国、たとえばルクセンブルク（11位）、フランス（14位）、ドイツ（18位）、イギリス（21位）と比べてもかなり差があります。

他方、避妊手段の使用に関してみると、コンドームについては、オランダは女子の65％、男子の78％が使用しており、40ヵ国（地域）中11位（全地域平均は女子62％、男子68％、計65％）。またピルについては、オランダは女子66％、男子60％で、全地域の平均（女子30％、男子27％、計28％）をはるかに上回り、第3位に位置しています。

このデータからは、性について比較的開放的な西洋社会のなかで、オランダの子どもたちは、避妊の知識が豊富でコンドームやピルを比較的容易に入手できるためか、こうした避妊手段の使用率が高いということ、その一方で、15歳までの性交渉体験率はほかの多くの国と比べて明らかに低いということがわかります。

もちろん、これらのデータだけからすべてを推測することはできませんし、何か断定的な結論を出すのは危険です。なぜある国で性交渉体験率が高く、ある国では避妊手段があまり用いられないのかといったことは、さまざまな要因を考慮に入れなければば説明できません。ただオランダでは、ほとんどの学校で思春期に入る前から避妊方法を教えているにもかかわらず、それがティーンエイジャーの性交渉体験率の増加につながっていないことはたしかだといえるでしょう。これは、性教育反対論者がよく口にする「性（避妊方法）について教えることは早期の性交渉につながる」「眠っている子を起こすな」という主張が必ずしも当たらないことの一つのよい例です。

性的マイノリティにも認められた結婚・養子縁組

私が結婚してオランダにきて驚いたことの一つは、30年以上前のその当時から、同性愛者、それもかなり高齢の同性愛者たちがオープンに交際していることでした。

私の義父は、学生時代の同級生で同性愛者の友人が、パートナーとともに退職後スペインで暮らしているという話を聞かせてくれました。また義兄夫婦に招かれた食事会では、その場に義兄の友人が同性愛者のパートナーをつれてきており、カップルとして紹介されました。同性愛には厳しいと思っていたキリスト教徒が多いオランダでそんなことがあるのか、と驚いたのを覚えています。

その後、実際に生活をしていくなかで、同性愛者であることを包み隠さずに生きている人たちにたくさん出会いました。公務員として働いている夫の同僚たちや、息子の高校の先生たちのなかにも、みずから開示している同性愛者がおり、しかもそれは特別なことではないというようにあるがままに行動していました。親族のなかにも、レスビアンとして女性同士で結婚し、しかも子どものいるカップルがいます。

実際、同性同士の婚姻を世界ではじめて認めたのはオランダです。２００１年4月1日、アムステルダムの市役所で、世界で最初の同性カップルの正式な婚姻登録が行われています。

それ以降、たとえば結婚祝いカードを売っているお店には、二人でタキシードを着た男性同士、ウェディングドレスを着た女性同士など、同性愛者の結婚の様子を可愛いイラストで描いたお祝いカードが普通に並ぶようになりました。

またオランダでは、同性カップルが、出産や養子縁組によって子どもをもつことも法的に認められています。実際に、父親が二人いる家庭や母親が二人いる家庭で育つ子どもたちも、現在ではそれほど珍しくなくなっています。

実は、婚姻が合法化されるよりも前から、同性パートナーシップの登録制度はありました。だから同居している同性カップルは以前から多く、そういう親をもつ子どもたちもいました。

わが子らが小学生だった20年ほども前から、小学校の図書室には、両親が同性である家庭や、母親が外に仕事に出て父親が家事をしている家庭などが登場する児童書が並んでいました。そういう本のなかでは、昔ながらの「お父さんは外で仕事をし、お母さんは家で育児や洗濯」という、長年の間につくられてしまったステレオタイプ（固定観念）にとらわれないストーリーが展開されていたものです。それは、伝統的で多数派のそれとは違う、少数派（マイノリティ）の家庭で育つ子どもたちが、みずからの環境を「普通ではない」「おかしい」と思ったり、友人たちから白い目で見られたりすることがないようにするためともいえます。一人ひとりが生き方において違っていてよいのだというオランダの個人主義とマイノリティの人権保護は、こうしたところでも支えられています。

大人たちが、同性愛に対してこのように寛容で、学校での教育にもそれが反映されていれば、子どもたちは、それを普通のこととして受け入れられるようになります。つまり、クラスに一人か二人同性愛者がいてもそれは当たり前で、特別視することではないという意識が、小さい時から自然に形成されるということです。

実際、思春期を迎えてまもない中学生や高校生が、同性愛者であることをカミングアウト（開示）することは、現在のオランダでは珍しいことではありません。セクシュアリティの多様性について安心して話し合える性教育の授業中に、クラスメイトの前でさりげなくカミングアウトする生徒もしばしばみられるといいます。

一方、ＬＧＢＴ（レズビアン、ゲイ、バイセクシュアル、トランスジェンダー）などと呼ばれる性的マイノリティのなかでも、性同一性障害者の場合は、少し事情が異なります。性同一性障害の場合（つまり、生まれつきのからだは男性なのに自分自身を女性としてしか意識できない、あるいはその逆である場合）、思春期を迎えるよりも前から、周囲から期待される性別役割と、自分の内面の感情とが一致せずに苦しむことが多いといわれています。オランダは、こうした性同一性障害の生徒への対応で世界的に先端を走っており、現在、アムステルダム自由大学、フローニンゲン大学、ライデン大学の医療センターのジェンダーチームが、性同一性障害の子どもたちへの（性転換手術も視野に入れた）ガイダンスと治療を、保護者の同意のもと専門的に行っています。

オランダでは、こうした子どもたちのことをテレビのドキュメンタリー番組で紹介したり、写真家が作品のテーマに取り上げるなどの形でオープンにし、議論する風土があります。それは、社会的にまだ完全に受容されているとはいえないＬＧＢＴの人々や子どもたちが、差別されることなく生きる権利があることを主張する、マスメディアや個人による一種のマニフェストといえるでしょう。

第2章

なぜオランダで
性教育が
義務化されたのか

保守的なキリスト教信者たち

第1章で述べたように、オランダでは法的に同性同士の婚姻が認められており、自分がＬＧＢＴであることを開示する人たちも数多くいます。しかし、オランダ国内のすべての人々がそれに同意しているかといえば、そうでない人々もいることはたしかです。昔からオランダにいるキリスト教信者のうち非常に厳格な原理主義者たちがそうですし、西洋の個人主義や自由主義を文化的背景としてもたない移民社会の一部にもそうした人がみられます。

オランダには、謹厳実直できわめて保守的なキリスト教信者たちが集住している地域があります。オランダの西南部ゼーラント地方から東北部フローニンゲン地方にかけて斜めに走っている「バイブル・ベルト」と呼ばれる地域です。主として、プロテスタントのなかでもとくに原理主義的な「改革派」と呼ばれる宗派に属する信者たちが暮らしています。外からはほかと変わらないように見えますが、この地域には今でも、日曜は安息日なので洗濯も車の洗浄も芝刈りもせずに教会に行って静かに過ごさなければならないとか、ほかの宗派の信者と交流・結婚してはいけない、あるいは、宗教上の理由で（病気や死亡も神の意志だという考えに基づいて）予防接種を子どもに受けさせない、といった考えをもつ人が相当数います。

オランダ議会では、２０１８年4月現在、ＳＧＰという政党が第二院（日本でいう衆議院）の総議席１５０議席中３議席を占めています。この政党は、ＣＤＡやＣＵなどのほかのキリスト教政党に比べても、原理主義的なキリスト教信者の支持者がとくに多く、なんと２０１３年の総選挙まで、女性が議員候補となることを認めていませんでした。

こういうキリスト教信者たちの間では、いくら国の法律が同性同士の婚姻の権利を認めているといっても、自分たち信者集団の仲間内ではそれは認められないと考えられています。安楽死合法化の議論でも、同様のことがいえます［★1］。

移民たちの性文化

女性やＬＧＢＴの人々がみずからの権利を主張することについては、さらに大きな問題がここ十数年の間に広がってきています。ヨーロッパ社会全体が直面している、増大する移民の問題です。とくに、世界的に人口が多く、西洋の精神的基盤である個人主義や自由意志の原則と対立する価値意識をもつイスラム教徒の増加による影響が大きくなっています。

１９６０年代の高度成長期、オランダには、建設ブームにともなって生じた労働力不足を補うために、トルコやモロッコから多くの出稼ぎ移民が流入してきました。はじめは経済も好調、移民たちも、オランダでしばらく働いて収入を得たら、いずれは母国に帰るものと考えられていました。オランダ側もそれを前提に、移民たちが学校で母国語を学ぶ機会を認めていました。しかし、経済が停滞し、移民たちがオランダに住みつく傾向が強まるにつれ、徐々に問題が出てきました。第二、第三世代の子どもたちのアイデンティティにまつわる問題です。

出稼ぎ移民の親は、オランダ社会のなかで必ずしも裕福ではなく、大半は低所得者であったり、生活保護を受けていたりします。しかも先に述べたとおり、母語容認の政策が採られてきたことから、オランダ語を話さず、オランダへの同化が遅れることが少なくありませんでした。

1960年代以降、オランダの若者たちは、「人生を楽しむ権利」「幸せを求める権利」「インクルーシブな社会のあり方」といったものを意識的に追求してきました。その結果として、人権や市民社会、表現や思想の自由についての意識を、オランダの人々は一般にもつようになりました。しかし、そうした価値観を生まれながらの文化としてもっていない人々が、移民のなかにはたくさんいるのです。

オランダに住むとくに若い世代の移民たちは、アイデンティティをめぐって家庭・学校・路上で異なる状況に直面し、そのために、確固としたアイデンティティを形成することに困難を抱えることがあるようです。そしてそのことが、オランダ人がもっている西洋的な人権意識やマイノリティ保護の価値意識に対する攻撃につながることがあるのです。しかもそれがイスラム教の神への帰依、信仰を理由にしていることが多いだけに、オランダ憲法に保障された「宗教の自由」との関係で問題を複雑にしています。

このことが最も深刻な形で現れているのが、「名誉」毀損を理由とした暴行・殺人事件です。女性の処女性や貞淑を重んじる伝統的な性意識のもと、家族や自民族グループの女性が他民族の男性と恋愛・性的関係となった場合に、「名誉」を毀損されたとして起きる家族や親族による暴行や殺人です。

とくにトルコやモロッコなどイスラム教国出身の移民たちの間で、こうした事件が多く起きています。自分の妻がほかの男性と関係をもった、娘が学校で自分の民族コミュニティとは異なる（しばしばオランダ人の）クラスメイトと恋に落ちたことなどが理由で、女性が夫や実の兄弟に暴行されたり殺されたりする事件、あるいは、相手の男性を暴行したり殺したりする事件が起きているのです[★2]。

また、イスラム教徒を中心とする移民社会では、「強制婚」や「重婚」のケースが多いことも知られています。「強制婚」は、顔も人柄も知らずに、親族の紹介などで、オランダに暮らす移民男性のもとに嫁いでくる若い女性によくある問題です。オランダには、こうして強制的に結婚させられたのち、夫から暴力を受けるなどして家にいられなくなった女性たちを保護するボランティア組織があります。

もう一つの深刻な問題として、難民収容施設のなかで、いじめや暴行の被害を受けるLGBTの人たちが増えていることがあげられます。ユトレヒトに近いアルフェン・アーン・デン・レインという町の難民収容施設では、被害を受けた同性愛者たちが抗議のハンガー・ストライキを起こしています。

こうした事態に対して、第7章で紹介するCOCというLGBT権利擁護団体が中心となって問題を提起し、LGBTの人々のために一般の難民とは別棟の収容施設を設置することを、第二院が内閣に求めました。アムステルダム市は別棟の設置をすでに実現し、この例にならうよう厚生大臣がほかの自治体に呼びかけています[★3]。

とはいえ、オランダにいる移民たちがみな性をタブー、すなわち口に出して議論すべきものではないと考えているのかというと、必ずしもそうとはいえません。逆に、オランダ人以上に開放的な性意識をもっている移民たちもいます。

とくに、スリナムという元オランダの植民地だった南米の国の出身者や、今でもオランダ領であるカリブ海のアンティル諸島出身者のなかには、性交渉をもつ時期が早く、性をそれほどタブーとみなしていない人々がかなりの数います。

ただ、こうした地域の出身者が集住している地域では、男の子が性関係をもつことを大人になった証として喜ぶようなマッチョ文化（男性優位文化）があり、他方で、10代の女子生徒の妊娠率が高い、避妊手段を用いることが徹底していないなどの統計もあり、女性の性が守られているとは必ずしもいえないという状況があります。

オランダ人と移民との意識の乖離

現在、オランダ国内の四大都市、アムステルダム、ロッテルダム、ハーグ、ユトレヒトにおける14歳未満人口のうち約６割が、自分自身もしくは両親の少なくとも一方が外国生まれであるといわれています。もちろんそのなかには、西洋諸国や日本のような近代民主国家、非イスラム系の国で生まれた子どもも多くいますが、性についてオープンに言葉にしにくい文化を背景としてもつ子どもたちもかなりの割合で含まれています。

オランダが、女性やＬＧＢＴの人の権利を尊重して法的な整備を重ね、世界的にこの分野で最も先端を走っていることは述べた通りです。オランダ以外の国で育ってきた人々の性をめぐる人権意識は、一般的には、オランダに比べて遅れている場合が多く、そうした文化的背景をもつ家庭で育つ若者が増えるにつれ、オランダで育ってきた若者たちとの間に、さまざまな軋轢が生まれてきています。現に、移民人口が多数を占める都市部では、ＬＧＢＴの子どもたちがいじめや暴行に遭い、学校生活そのものが不快で危険なものになっているという報告もあります。

また、ここ数年、欧州各地で「イスラム国」を名乗る者たちによる残忍なテロ事件が続発し、他方、イスラム移民を排斥する極右政党の支持率が高まるなかで、オランダ社会でも、先住のオランダ人と移民との分極化が進み、相互の不信感が高まってきています。白人系の同性愛者が路上で暴行を受けるという事件まで起きているのです。

もちろん、すべてのオランダ人が民主的な性意識をもち、すべての移民が性をタブーと考えているとは決していえません。しかし、一般的な傾向として、オランダ人の側は、人権意識についての歴史的な議論を経て、多くの人が性についてオープンに語るようになっている一方、移民の側には、そうした人権意識をいまだに受け入れていない人々が多くいるという現実は認めざるをえないのです。

性教育義務化の実現

性の問題を公共の場でオープンに語り、ＬＧＢＴや女性の人権保護を目指した民主的法制の実現を支持してきた人々と、これらを受け入れずに今もＬＧＢＴや女性の性的権利を認めようとしない人々。この両者の乖離を背景に、オランダでは、性教育の義務化に向けた議論がはじまりました。

その議論においては、性的マイノリティの人々の人権保護にかかわる「性の多様性」をいかに教えるかということが最も大きな課題でした。

そして2012年、障害児を対象とする特別支援学校を含み、すべての初等教育（4－12歳）・中等教育前期（12－15歳）に性教育が義務づけられることになりました。義務化は、「中核目標」（オランダ語でKerndoelen）への追記という形で実施されました〔表2-1〕。「中核目標」は、すべての学校が卒業するまでに生徒に最低限達成させ

初等教育（4－12歳）中核目標

（従来からあった項目）

第34項目：生徒は自分自身と他者の身体的および精神的な健康を大切にすることを学ぶ。

第35項目：生徒は社会的交通の参加者および消費者として、社会的観点から自立して行動できるようになることを学ぶ。

（新しく追加された項目）

第38項目：生徒はオランダの多文化社会において重要な役割を果たしている思想的宗派についての大要を学び、セクシュアリティや、性の多様性を含む多様性に対して尊重の念をもってかかわることを学ぶ。

中等教育前期（12－15歳）中核目標

（従来からあった項目）

第34項目：身体と健康──生徒は、人間の身体の構造と機能の大要を理解し、身体および精神的な健康を向上させることと関係づけ、それについてみずから責任をもつことを学ぶ。

第35項目：生徒は、ケアについて学び、自分自身と他者およびみずからの環境を大切にすること、また、多様な生活状況（住む、学ぶ、働く、外出する、社会的交通）のなかで、自分自身と他者の安全がどのようにしてポジティブな影響をもちうるのかについて学ぶ。

（新しく追加された項目）

第43項目：生徒は、オランダにおける文化や生き方の倫理に共通点や相違点および変化があること、そのことと自分自身や他者の生き方を関係づけること、お互いの意見や生き方に対する尊重が社会生活にもつ意味を見出すこと、また、社会において、セクシュアリティや、性の多様性を含む多様性に対して尊重の念をもってかかわることを学ぶ。

＊下線部は2012年に加わった点

〔**表2-1**〕中核目標と性教育

ることが望ましい、という目標を国が示したものです。

学年ごとにつくられる日本の学習指導要領と異なるのは、各学校に、この中核目標に到達させるための方法をそれぞれ独自に選択する自由裁量権が認められていることです。つまり、初等学校（幼稚園・小学校）と中等学校（中高一貫）それぞれの卒業段階での修了時における最終目標を目指して、どの段階（学年）で、どんな教科書や教材を使い、どんな形式で授業を展開するかは、学校や教員の自由な選択と工夫に任されています。

公教育の目的は、その国に暮らす子どもたちが、憲法で定めている原則にしたがい、自由かつ安全・安心に暮らすことができ、また他者に対してもその安全や安心を保障すべく、責任と社会への参画意識をもって生きていく準備をすることにあります。そしてその結果、そうした人々によって成り立つ社会が、全体として安定した向上・発展を続けていくことです。それは、単に産業や経済の発展だけを目指すものではなく、すべての人の幸福を保障する人間社会全体の安定したあり方に向かうものです。

そのように考えると、ここまで述べてきた性意識の多様化のなかで、オランダ社会に確立していたはずの人権意識が揺らいでいることに対して、国が、性教育の義務化という形で対策を打とうとしたのは納得のいくことです。

ここで、人権保障を謳ったオランダ憲法第一条をあげておきましょう。女性解放運動やＬＧＢＴによる運動のバックボーンになっているものです。

「オランダに住む人は誰でもみな、同一状況において同一に待遇される。宗教・信条・政治的意見・人種・性別またはいかなるほかの根拠によっても、差別は認められない［★4］」

「オランダに住む人は誰でも」となっているように、オランダの憲法では「国民」という表現は使われていません。オランダ国籍をもつ者だけでなく、オランダ人ではない移民、滞在ビザを取得していない法規上は「不法滞在の」難民にも法律は適用されます。

自分と他者の身体的・精神的な健康を大切にすること、多文化社会におけるさまざまな価値観を尊重することなどは、２０１２年に付け加えられたことではなく、以前から「中核目標」に含まれていました。実際、一般的な性教育は、身体的・精神的健康についての教育の範囲内で、これまでも各学校でそれなりに行われていました。２０１２年の性教育義務化における強調点は、先ほどの表で下線を引いた部分、すなわち「セクシュアリティや、性の多様性を含む多様性に対して尊重の念をもってかかわること」です。

大切なのは、性のあり方を教えることは人間関係を教えることにほかならない、ということです。

性について語る場合、二人の個人が出会い性関係をもつことが焦点になります。しかし、恋愛感情は、必ずしも同じ性意識をもつ者同士の間に起きるとはかぎりません。とりわけ、性意識がこれほど多様化しているオランダのような社会では、恋愛による出会いそのものが、異なる性意識の出会いであるとすらいえるのです。

性教育を通して、子どもたちに、お互いの性意識を尊重することの大切さを教えること。もっといえば、価値観の違いを尊重しつつ、オランダ憲法第一条に定められた差別禁止に対する責任を教えること、それが性教育義務化の焦点ともいえるのです。そして、そこに近づいていくためには、性について語ることをはばかる文化そのものを突き破らなければならなかったのです。オランダの学校の教師たちは、性教育の義務化を通して、その役割を担うことになったともいえます。

性教育の二つの方向

次章以降、オランダの学校で行われている性教育の実際を具体的に紹介していきますが、オランダの性教育には大きく二つの方向性があります。

一つ目は、従来から行われてきた、一般的な（狭い意味での）セクシュアリティやジェンダー役割意識に基づく性教育です。ここでは、まず性にかかわる身体的発達、すなわち性徴や生殖および妊娠・出産のしくみが扱われます。加えて、望まない妊娠や性暴力・性犯罪から自分の心身を守るために必要な知識やスキルを身につけること、さらに、社会性や情動の発達、すなわち家族や友人、恋人といった他人との関係性にかかわるスキルを学ぶことが目的になります。

そして二つ目が、２０１２年に新たに義務化されることとなった、性的マイノリティの人々の人権を尊重することを教える〈性の多様性〉教育です。

もちろんこの両者は、同じ授業のなかで同時に取り扱われることが少なくありません。後者の内容は、前者の授業を行う際の言葉遣いや配慮の仕方にもかかわってきますから、両者の間に明確な境界線を引くのは困難です。しかし本書では、あえてまず次の第3章で、前者の一般的な意味での性教育（生殖とセクシュアリティについての教育）について、子どもたちの年齢に沿って紹介します。そのあとの第4章で、〈性の多様性〉教育に注目しながら、この課題をどのように授業で展開しているかを説明したいと思います。

また、性教育の二つの方向性いずれに関しても、通常とは異なるニーズへの対応や教育方法が求められる障害児への性教育については、第5章でその概要を紹介することにします。

第3章

生殖と
セクシュアリティに
ついての教育

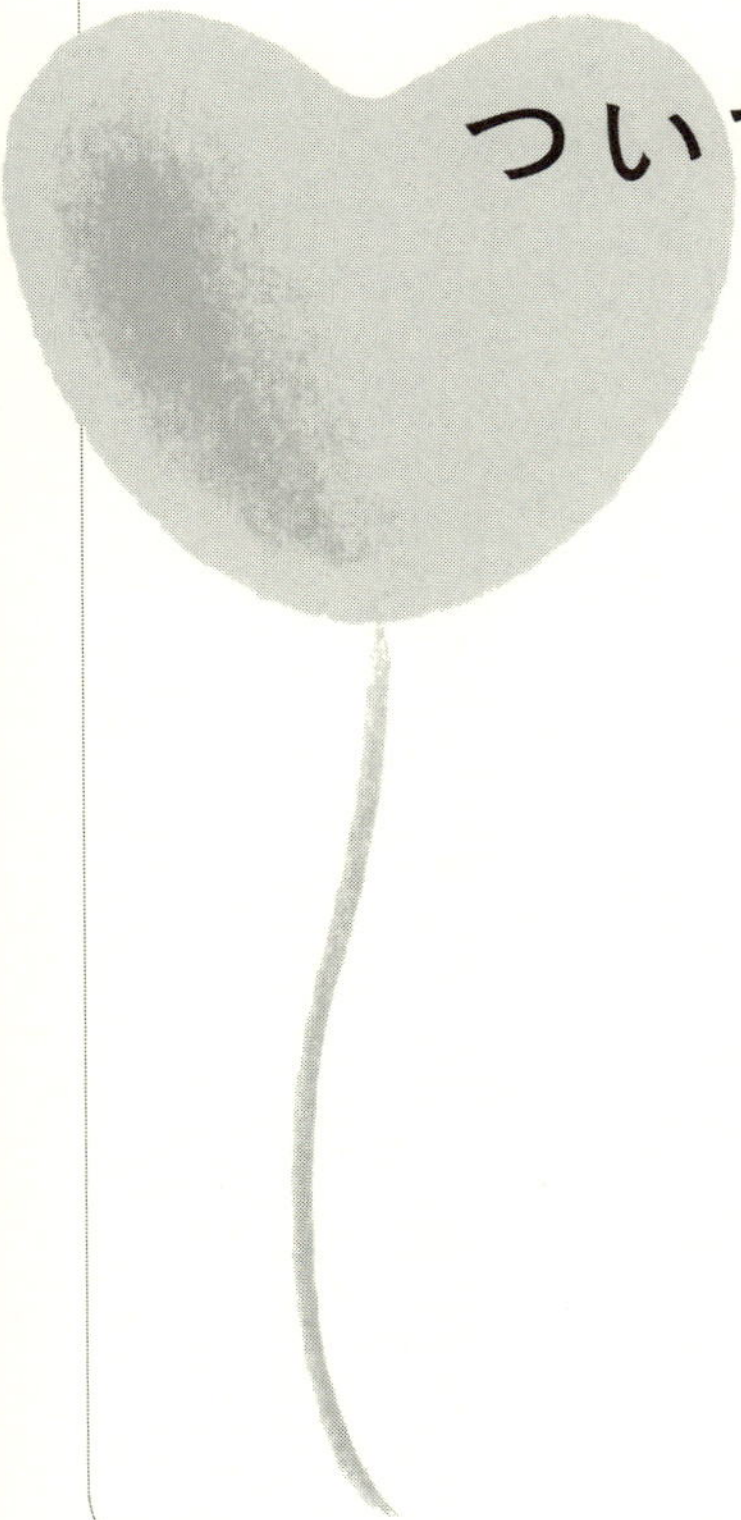

春のもぞもぞ週間

恋をしている時の心情を、日本語では、「胸キュン」とか「胸がときめく」「心臓がドキドキする」といったように、胸のあたりで感じるものとして表現することが多いように思います。オランダでは、誰かのことを好きになったり気になる人が出てきた時には、「お腹のなかに蝶々が飛んでいる」と言って、お腹のあたりがもぞもぞするというふうに感じるものとして表現します。お国柄が変われば恋を感じるからだの部位も変わるのか、表現が異なるのが面白いです。

オランダでは、性に関する問題を扱うシンクタンクとして最古かつ最大規模のルトガース研究所と教育文化科学省、さらに地域の保健所の共催で、毎年春になると各地で「性教育推進週間」が大々的に開催されます。その期間は、"Kriebel in buik"（お腹がもぞもぞこそばゆい）という表現をもじって、「春のもぞもぞ週間（Lentekriebels）」と親しみやすく名づけられ、全国の学校がオープンに、明るい気分でいっせいに性教育に取り組めるよう促します〔図3-1〕。

「春のもぞもぞ週間」がはじまると、各地の広場などでは、保健所のかけ声で、生徒や学校の教員たちが集まり、真っ赤なハート形の風船をたくさん空に飛ばしたり、テーマソングを歌ったりして、この性教育推進週間のはじまりを祝います。それに引き続いて、多くの学校で、性をテーマにした授業が集中的に行われます。大半の子どもたちがすでに思春期を迎えている中等学校（中高一貫校）では、明るい色彩の装飾を施されたバスがやってきて、そのなかでゲームをしながら性についての知識を学んだり、性犯罪や性の悩みにまつわる動画を教室でクラスメイトと一緒に見たりして、それを題材に生徒同士で意見交換するなどの活動が展開されます。

この期間中、保健所は性病予防キャンペーンを行ったり、子どもたちに性に関する相談方法を広く知らせたりします。保護者にも、子どもたちが学ぶ性教育情報を提供し、場合によっては保護者の協力を得ることもあります［★1］。

〔図3-1〕「春のもぞもぞ週間」ポスター例

性的発達指標の活用

たとえば算数ならば、はじめに数の数え方、それから足し算、引き算、掛け算、割り算というように、学びの順序があります。国語であれば、日本ならひらがな、カタカナ、漢字といった順番でしょう。同じように、性教育にも、進み方にはある程度の順番があります。それは、算数や国語の場合とは少し異なり、子どもの身体や精神の発達段階に合わせた順序です。

先ほども触れた、セクシュアリティの分野で代表的な専門機関であるルトガース研究所は、保護者が指針・ヒントとして参照できるように、0歳から18歳までの性的発達の特徴を指標としてまとめた冊子をつくり、インターネットから無料でダウンロードできるようにしています〔図3-2〕。それぞれの年齢段階の子どもに関する保護者の相談例もあわせて掲載されているのが便利です。

また、2012年に初等・中等教育で性教育が義務化されたことにともない、国立カリキュラム研究所（SLO：Stichting leerplan ontwikkeling）は、年齢段階ごとに、子どもたちが学ぶべき性に関する知識やスキルをまとめています。その学習ラインの概要を巻末に付録として掲載しましたので、ご覧ください。

こうした子どもたちの性的発達の指標は、親や教員が、子どもの疑問に答えたり、性犯罪等の危険から身を守ることを子どもに教えたりするうえで、役立ちます。

オランダの学校の授業、とくに性教育の授業は、日本の学校のように教科書を基準として教えるものではありません。教員は子どもたちと一緒に輪になって座り、話しやすい状態で子どもたちから質問を引き出したり、議論をしたり、ゲームをしたりして、その場の雰囲気を安心できるものにして授業を進めます。また、ほとんどすべての教室に設置されているデジタルボードやスクリーンにインターネットからダウンロードした動画を映し出したり、実際に手にとって触れる教材（性教育の場合は本物の生理用品や避妊具なども）を使ったり、子どもたちをペアや小グループにして話し合わせたり、みんなの前でロールプレイ（お話のなかの誰かの役割を演じる）やジェスチャーをさせたり、何かクリエイティブな活動（絵を描く、手紙を書く、工作するなど）につないだり、特定のテーマについて調べた結果を発表させたりといった工夫をします。そうした活動を通して、子どもたちは教壇の教員の話を受け身に聞くだけではなく、能動的にかかわりながら知識やスキルを学んでいきます。

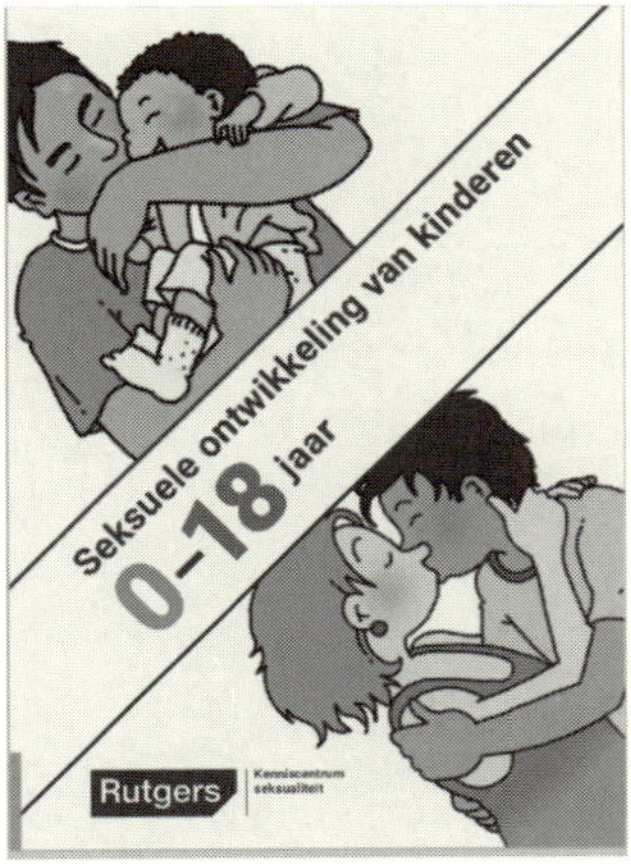

〔**図3-2**〕０−18歳児の性的発達指標（表紙）

そうした学習では、教員の側に、目の前の子どもたちの関心や問題がどこにあるのかを察知して臨機応変に新しいアクティビティを取り入れたり、すでにある程度決められているやり方を適宜修正するなどの力が求められます。それだけに、教員にとって、先ほど述べたような発達指標や、授業を進めていくうえで押さえておくべき枠組みのようなものが、どうしても必要になります。それと対照しながら、授業で取り扱った内容を記録するしくみをつくっておくと、毎回の授業のどこに重点をおき、どんな点に留意すればよいのかがわかるのです。

科目ごとに専門教員が分かれている中等学校と違い、初等学校の場合には、国語や算数以外の授業はほとんどが科目横断的に行われます。そのため性教育も、理科や社会、シチズンシップ教育、場合によっては国語や算数と組み合わせて行うことが可能です。あるいは「春のもぞもぞ週間」に合わせ、短期間で集中的に授業を行うこともできます。多くの場合は後者の方法がとられているようですが、ルトガース研究所はそのために、初等学校（4－12歳）や中等学校（12歳以上）の集中授業で使える、年齢段階ごとの学習内容を網羅した授業マニュアルを用意しています。

それではここから、年齢段階に沿って、性教育授業の典型的な例を紹介していきます。この章で取り上げるのは、生殖やセクシュアリティに関する内容を中心とした、狭い意味での性教育です。

親子で性について語れる関係の土台づくり（0－3歳）

性教育といえば、思春期の直前に男子と女子を分け、講堂で保健体育の先生が話をする……そんな日本式の性教育のイメージをもっておられる方は、「0歳から性教育」というと驚かれるのではないかと思います。実際、生まれたばかりの赤ちゃんが「性」について考えているとは、ちょっと信じられないことです。

でも、赤ちゃんが生まれた時からはじまる親とのスキンシップは、親子のつながり感情を育てるために重要であるばかりでなく、信頼の感情や、温かい愛情への感触を身につけるきっかけとなります。性の問題が、人との関係のもち方や、信頼感、愛情にかかわるものである以上、この年齢の子どもたちへのスキンシップやつながり感情に親が注意を払うかどうかが、後になって子どもの性意識にも影響を与えるのです。

4歳未満の幼い子どもたちは、好奇心や学ぶ意欲に満ち満ちています。成長とともに性器を含む自分のからだや親のからだつきに関心をもち、男女の異なる特徴にも気づくようになります。同時に、小さい子でも、人前で裸になってはいけないとか、お尻や性器をほかの人に見せるものではないといったことは、社会的ルールとして学んでおかなければなりません。

ただ、この年齢での性教育は、何か決まったプログラムを用意して行うというよりも、子どもの育ちを見守っている親や保育士たちが、子どもの個別の発達に応じながら、時宜に適切に対応できるよう準備しておくことに焦点がおかれています。

オランダのたいていの家庭には、こうした時期の子どもたちが、性器や男女の違い、出産などに関心をもった時に、親が子どもに読み聞かせるための絵本がおいてあるものです〔図3-3〕。また、日本と同様、子育て中の親のための雑誌がオランダにもいろいろあり、なかでも『男の子と女の子の親（J/M Ouders）』という雑誌が代表的です。子どもの健康、親の役割、学校や保育所とのかかわり方、休暇の過ごし方などさまざまなテーマで専門家が記事を書き、読者に助言しています。

この雑誌のウェブサイト（https://www.jmouders.nl/）を見ると、過去に掲載された記事をもとに、テーマ別に豊富な情報にアクセスできるようになっています。テーマの一つは、性教育です。親が関心をもっていると思われる多くの問いがあげられ、答えが書かれています。そのなかに、「性教育はいつはじめるのがよいか」という問いがありました。その答えはこうです。

残念ながら、性教育というと、ただ一つのこと（＊性のしくみや性交渉のこと）を話すものだ、という思い込みがあります。多くの親は、子どもに尋ねられたら性のことを説明しようと考えているものですが、フーデレさん（＊

性教育の専門家）は、子どもがそういうことを自然に親に問いかけられるようになるには、小さい時から安心して話ができる環境を家族のなかにつくっておくことが大切だ、と言っています。子どもにとって、自分の親にはどんなことでも聞けると思えるのはとても大事なことなのです。

なるほど、子どもがまだ性交渉への関心などまったくもっていない幼い時期であるからこそ、親は、子どもが好奇心から偶然発した性にかかわる問いに対して、とくに深い考えもなく、または「性についてはロに出すべきではない」というタブーの意識や気恥ずかしさから、「そんなこと聞くものじゃない」とか、「そんなことを考えてないで外で遊んできなさい」などと言って避けてしまうことがよくあります。しかしそうした態度によって、親は子どもたちに、知らず知らずのうちに「それは話題にしてはいけないこと」「聞いてはいけないこと」だという暗黙のメッセージを送ってしまっているのかもしれません。

〔**図3-3**〕家庭や保育園で使われる性教育絵本の一例
(Melanie Meijer & Iva Bicanic: *In je blootje*. Nino, 2008.)

この回答を読んでみると、そうした何気ない親の態度が、人間の成長のなかでもきわめて大切な時期にいる子どもたちを、性についての不安や悩みを誰にも相談できない状態に追い込む遠因になっているかもしれないことに気づかされます。オランダの性教育の専門家たちは、こうした態度を改め、できるだけ早く、親子で性に関する事柄を率直に話し合える関係をつくることを勧めます。

性教育にかぎらず、親は、子どもの素直な好奇心にふたをすることなく、子どもたちの問いに、(子どもの発達段階に応じて答えを保留することはあるでしょうが、原則としては)正しく真摯に答えることで、子どもたちの健全な成長を助けられるのでしょう。

「ノー」とはっきり言えるように(4−6歳)

ルトガース研究所の性的発達指標に掲載された相談例のなかに、小さい子どもたちが、友だちのからだの様子が気になってよくやる〝お医者さんごっこ〟に関するものがあります[★2]。「私の5歳の息子は、友だちとよくお医者さんごっこをしているのですが、放っておいてもいいものなのでしょうか?」というものです。

それについての回答はこうです。

お医者さんごっこは問題ではありません。子どもたちにはよくある普通のことです。ただ、子どもとはいくつかのことを約束しておくとよいでしょう。

たとえば、

- もし自分がお医者さんごっこをしたくなければ、仮にほかの子に誘われても無理に付き合う必要はないこと
- 相手が嫌がることを無理にさせないこと
- からだにあるいろいろな穴（口、耳、鼻、ワギナ、肛門）には何も入れてはいけないこと
- お互いに痛いことをしないこと

〔図3-4〕「ノー」と言うことを教える絵本

興味深いのは、「自分がしたくないことはしなくていい」ということを、この段階から意識的に教えようとしていることです。

オランダ語で「ネー」、つまり「ノー」というタイトルの絵本があります〔図3-4〕〔★3〕。開いてみると、可

愛らしくユーモアに満ちたイラストとともに、小さな子どもがちょっと「ノー」とは言いにくい状況がいくつか取り上げられています。そして、自分が嫌な時にははっきり「ノー」と言おうね、と、子どもたちを勇気づけています。

たとえば、自分の大切なボールを近所の男の子が「貸して」と言ってきた時や、訪ねてきたおばあちゃんに少し過剰に頬ずりやキスをされた時などです。こういう時に、自分が心地よく感じないのならば、はっきり「ノー」と言っていいんだよ、と伝えているのです。最後に、子どもとこんなふうに約束しているのも微笑ましいです。「怖くて眠れなくなるような秘密は早くパパやママに話そう。でも、楽しみで仕方がない秘密は隠しておいていいよ」と。

妊娠・出産と命の大切さをありのまま(4–6歳)

オランダでは、子どもができるしくみ、つまり、妊娠と出産のしくみについては、子どもが6歳くらいの時期に教えます。赤ちゃんはコウノトリが連れてくるとか、キャベツから生まれるなどという話し方をするのは、もう昔むかしのことです。

ルトガース研究所が作成しネット上でも公開されている授業マニュアルでは、以下のような流れで、スライドや動画を使いながら授業が進みます[★4]。

授業は、まず、赤ちゃんがどのようにしてお母さんのお腹のなかに入り、どんなふうに大きくなって外に生まれてくるのかについて、子どもたちがすでに知っていることを尋ねていくところからはじまります。なかには、すでに家庭で、子ども向けの性教育絵本などで学んでいる子もいるかもしれませんが、大半の子には正確な知識はないでしょう。でも、このように子どもたちのもっている知識を集めるところからはじめることで、子どもたちは、ここで取り上げられる内容に好奇心をもつようになります。

こうして子どもたちの関心を引きつけたところで、教員は、胎児が母親のお腹のなかで育つ様子をアニメーションで示した短い動画を見せます。そして「生まれる前はどこにいたんだろう」「この赤ちゃんはどんなふうにしてお母さんのお腹のなかにきたか知ってる?」と問いかけながら、子どもたちの好奇心をそそり、授業に注目させていきます。

続いてイラストを見せながら、受精と胎児の成長について説明していきます。

性教育では、できるだけ早い時期から、性にまつわる正しい用語を、恥ずかしがらずに使えるようになるよう指導しますので、ここでの教員の言葉がけはとても大切です。たとえば、このようなものです。

「(卵巣の図〔図３-５〕を示しながら) 卵子 (とても小さな卵) と精子 (とても小さな種) が

一緒になると、お母さんのお腹に赤ちゃんができます。女の人は自分のお腹に卵子をもっているのです」

「（精子の図〔図3-6〕を示しながら）男の人は、精嚢《せいのう》というところに精子をもっています」

「（受精の図〔図3-7〕〔図3-8〕を示しながら）二人の男女がお互いに愛し合っていて、子どもが欲しいと思ったら、セックス（性交渉）をします。お互いに服を脱いで裸になり、一緒に横になります。男の人のペニスが女の人のワギナに入り、ペニスから精子が出てきます。この精子は女の人の卵子に向かって泳いでいきます。これは、精子のかけっこのようなもので、最初に卵子にたどり着いた精子は、今度は、卵子の殻の壁を突き破ろうとします」

「子どもが欲しいのに、セックスをしても妊娠できない時には、お医者さんが助けてあげることがあります。お医者さんは、お父さんの精子とお母さんの卵子を試験管に入れて一緒に混ぜ合わせます。それから、その試験管のなかで一緒になった精子と卵子をお母さんのお腹のなかに入れ、そこで赤ちゃんが育つようにします。一緒にいても子どもをもつことができないカップルもいます。男の人同士または女の人同士で暮らしている場合や、子どもができない男の人と女の人の場合などです。こういう人たちが子どもを欲しいと思った時には、精子をくれる人（ドナー）や、妊娠して赤ちゃんをお腹のなかで育ててくれる人を探さなければなりません。または、本当のお父さんやお母さんが自分の子どもを育てられないでいるような場合に、子どもを養子にしたり、里親になることができます」

この時点で、同性カップルのケースも伝え、同性愛者のもとで育っている子どもたちへの配慮を怠りません。

ここで、子どもたちには、助産師の仕事や超音波検査についても話をします。こんな時に、たまたまクラスの誰かの母親が妊娠していたり、助産師をしている母親がいたりすれば、その母親に教室に来てもらって子どもたちの質問に答えてもらうこともできるでしょう。もしも保護者のなかに産婦人科のお医者さんなどがいれば、もっとよいでしょう。オランダでは、こういう専門職にある親が、学校の授業に協力するの

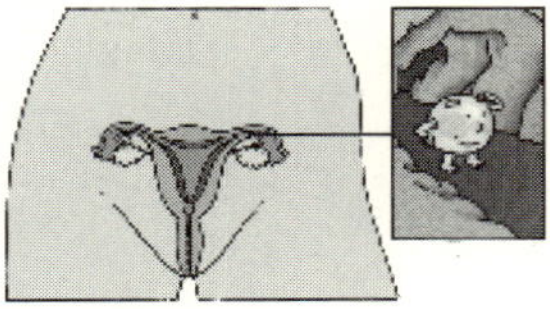

〔**図3-5**〕卵巣の図

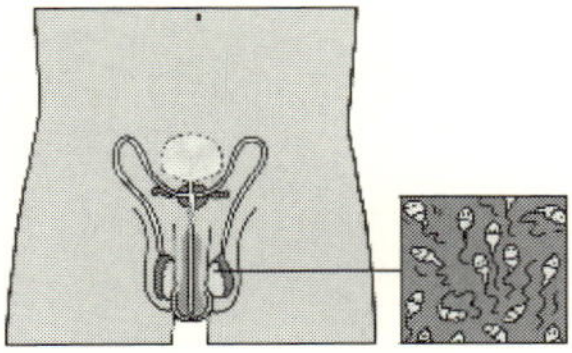

〔**図3-6**〕精子の図

〔**図3-7**〕受精の図①

〔**図3-8**〕受精の図②

はよくあることです。私生活にゆとりをもてる仕事の仕方をしているので、こうした授業に参加するのはそれほど難しいことではないのです。

さて今度は、胎児が育つ様子の動画を見せ、それからまた、イラストを使いながら説明していきます。

「（胎児の図〔図3-9〕を示しながら）赤ちゃんはへその緒を通して食べ物をもらいます。へその緒は赤ちゃんのお腹につながっています。みんなのおへそがあるところです。食べ物はまっすぐお腹に入ってきます。赤ちゃんはまだ口ではものを食べたり飲んだりできないのです。赤ちゃんはときどきお母さんのお腹のなかにある水を飲むこともあります」

「（胎児の図〔図3-10〕を示しながら）赤ちゃんはお腹のなかで、親指をしゃぶったり、頭を少し傾けたり、蹴ったりすることができます。また、ときどき眠ることもあります。赤ちゃんの心臓はドキドキしています。お母さんのお腹の周りのたくさんの音を聞くこともできます。赤ちゃんは、お母さんや、お母さんのお腹に近づいてくるお父さんやほかの人が話しかけるのが聞こえています」

そして胎児が成長していく様子のイラストを示しながら、次のように説明します。

「赤ちゃんはお腹のなかで9ヵ月の間育ちます。はじめはお砂糖の粉ぐらいにとても小さいですが、少しずつ大きくなっていきます。また最初のうちは頭と心臓と背中だけしかありませんが、しだいに脚や腕や手足をもつようになります。1ヵ月くらい経つと、赤ちゃんは米粒ほどの大きさになります。3ヵ月経つとレモンぐらいの大きさです。赤ちゃんがまだとても小さくても、男の子か女の子かはわかります。5ヵ月経つと、赤ちゃんが動くと、お母さんがその動きをお腹で感じられるほど大きくなっています。

6ヵ月経つと、赤ちゃんはパイナップルくらいの大きさになり、8ヵ月経つとメロンくらいの大きさになります。そして、9ヵ月経つと赤ちゃんはサッカーボールくらいになり、生まれてきてもよいほどの大きさになっています」

こんなふうに、子どもたちとともに、胎児が少しずつ成長していく様子を順を追って見たうえで、いよいよ出産の話に入ります。ここでも教員は、いきなり動画やイラストを見せて説明するのではなく、子どもたちが自分自身のこととして興味をもって出産について学べるように、子どもたちの経験や知識を集めることからはじめます。

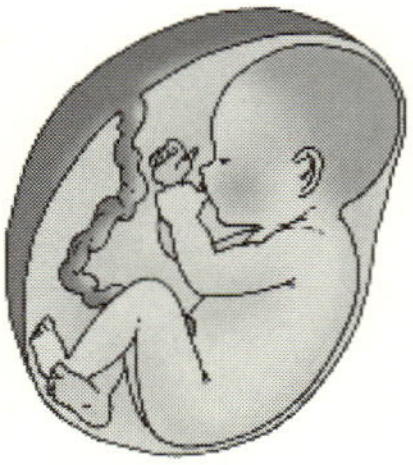
〔**図 3-9**〕胎児の図①

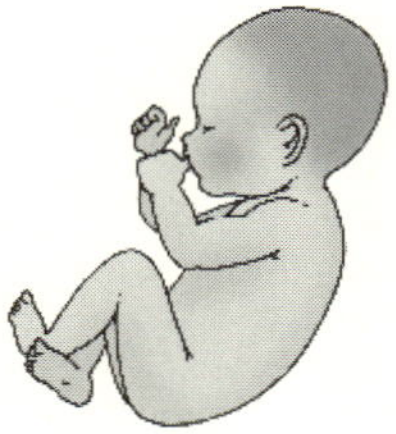
〔**図 3-10**〕胎児の図②

「みんなは、どこで生まれたの？　家で、それとも病院で？　外国で生まれた人もいますか？」

「何時頃生まれたのか、聞いてみたことある？」

「生まれた時にそばにいたのは誰だか知ってる？」

「その人たちが一緒に写っている写真を持っている人いる？」

というふうにです。そうして、出産の様子を動画などで見せながら、次のように説明をします。

「たいていの赤ちゃんは、お母さんのワギナから生まれてきます。お母さんは、はじめにお腹に痛みを感じます。これを陣痛と呼びますが、陣痛は、赤ちゃんを少しずつ下のほうへ押し出すために起きる痛みです。お母さんは、その時、赤ちゃんを強く押し出さなければなりません。そうして赤ちゃんが外の世界に生まれてくるのです。時には、陣痛がはじまって赤ちゃんが外に出てくるまでに何時間もかかることがありま す。お母さんのワギナからは、最初に赤ちゃんの頭が出てきます。それから肩が出て、からだ全体が出てくるんですよ。なかには、帝王切開という手術をして生まれてくる赤ちゃんもいます。これは、病院で行われる手術で、お医者さんがお母さんのお腹を開いて、お腹を開けたところから赤ちゃんが外に出てきます。どんな赤ちゃんも簡単に生まれてくるわけではありません。また、まだ十分に成長していないのに生まれてくることもあります。そういう赤ちゃんは、保育器という箱のなかで育てられます。

それは、お母さんのお腹のなかと同じように、あたたかいガラス張りの箱です。つまり、お母さんのお腹をまねた入れ物です。

妊娠している時に問題が起きることもあります。お腹のなかの胎児がうまく育たずに、流産してしまうことがあるのです。それは、赤ちゃんが何か障害をもっている時によく起きます。赤ちゃんが、うまく歩いたり、見たり聞いたり、みんなと同じように考えたりすることができないような場合です」

こうした説明の後、子どもたちからの質問に答えて授業を終えます。

この授業を見ると、妊娠や出産のしくみを知ることを通して、子どもたちが、みずからが受精によって生まれた存在であることを学んでいることがわかります。また、受精が必ずしも性交渉だけで起きるものではないことや、異性愛の父母ばかりではなく同性愛の場合もあることなどが、偽りなく事実に即して伝えられていることが読みとれます。性について恥ずかしさがない幼い年齢であるからこそ、淡々と、事実を事実として伝えられるし、子どもたちもそれを学べるのでしょう。

一見即物的に思えるかもしれませんが、作り物のストーリーではなく事実であるからこそ、その事実を知った子どもたちは、今自分がここに存在していることの不思議やそれゆえの尊さを、人から教えられなくても素直に感じるのではないでしょうか。

子どもたちは事前に、自分が生まれた時の写真を家から持ってくるように言われています。こうすることで、学びを自分の経験に結びつけ、保護者が出産について子どもと話すきっかけをつくることにもなります。家族や命について親子が話す機会を、学校での性教育が生み出しているのです。

友だちって何？（6―9歳）

6歳から9歳くらいまでの年齢の子どもたちは、親や友だちなどとの人間関係は発達してきますが、まだ思春期の兆候はまったくみえない時期です。心理的な発達段階でいうと、好き・嫌いの感情や自尊感情、自己イメージなどをもち、自分と他者を区別し、自分を他者と比較したり見直したりはできますが、からだはまだ性的に成熟していません。

この時期の性教育の授業では、前段階で学んだ生殖や家族構成などについて継続して学ぶと同時に、友情関係や、単に「人を好きになること」に焦点が当てられます。言い換えるなら、性の関係も、その基本は、一般の友情と同じく、お互いに平等で尊重し合う関係に基づくものであるということを、この段階から学んでおくのです。

授業はまず、教師がこんなふうに子どもたちに語りかけることからはじめます［★5］。

「友だちとの関係は、それまではうまくいっていたのに、ときどき何かのきっかけでうまくいかなくなってしまうことがあります。そういう時、あなただったら、もうその友だちと付き合うのをやめてしまおうと思いますか？　それとも、また関係がよくなるように友だちと一緒に努力しますか？」

こう語りかけて、生徒たちを小さなグループにして、友だちになるということや友だちとの間で起こったいろいろな経験について意見交換をさせます。その間、次のような質問をしながら、子どもたちが考えをさらに深められるように刺激します。

「何がきっかけで友だち付き合いがはじまったのかな？」

「その友だちとは、それから後、どんなふうに関係を続けていた？」

「友だちって、永久に続くもの？」

そして、友だちとの関係をうまく維持していくにはどうすればよいか、友だちのことが嫌いになったらどうするか、などについて意見を出し合わせます。こうした問いかけは、教師が何か「正解」をもっているものではありませんが、生徒たちが、自分を深く見つめたり、ほかの子が考えていることを知って自分の考えを見直したりするきっかけになります。

たとえば、「友だちが友だちでなくなるのはどんな時ですか」という問いかけをしたとします。子どもたちからは、喧嘩や引っ越し、別の子と友だちになった、一緒にいる時間が少ない、別のクラスになったり別の学校に行ったりした、お互いの興味が違ってきた、など、いろいろな答えが返ってくることでしょう。

そして、友だちとの関係が終わってしまった経験がある子に、その経験についての感想を聞きます。それから、全員に対して、「友だちとの関係が心地よいものでなくなった時、どうすれば相手の気持ちを傷つけることなくそれを終わらせることができるか」、また「いったん関係が悪くなった友だちともう一度よい関係をつくり直すにはどうすればいいか」といった問いを投げかけ、それについて話し合わせます。生徒のうちの誰かに、喧嘩をした友だち同士が仲直りをする様子を演じてみさせ（ロールプレイ）、それについてみんなで意見を出し合うこともあります。

こうした授業の流れをみると、まるで、結婚している夫婦が喧嘩をしたり離婚したりする時にどうしたらいいか、という練習をしているかのようです。

性教育は、人間関係を学ぶための教育です。お互いが自由に自分らしく生きることを尊重し、相手を傷つけたり、どちらか一方だけが理不尽に感じたりすることなく、よい関係を維持していくためにはどうすればよいのか。オランダの性教育では、生殖のしくみや性交渉を教えることだけではなく、相手を尊重しまた尊重される人間関係のあり方とはどんなものなのかを学ばせることにも力が入れられていることがわかります。

二人の人間の間で意見が対立したり、関心が分かれてしまうのはよくあることです。しかし、それぞれの意見や関心は、優劣をつけられるものではありません。お互いが自由に考えを口に出し、自分の好奇心や興味を維持できなくては、本当に心地よくて風通しのよい人間関係をつくることはできません。こうした友情のあり方を学ぶことを通して、恋愛における関係も、優劣のない、双方の自由意志に基づく選択的な関係であるべきことに気づかせようとするのです。

子ども相談サイトの使い方（9–12歳）

子どもたちも9歳くらいになると、単なる友だち感情だけではなく、少しだけ恋愛感情に似たものも抱くようになります。また、思春期に入っているもう少し年上の子どもたちの影響が出てきたり、もっと深刻な場合には、大人の性犯罪の被害に遭う危険もいっそう大きくなってきます。

性教育の大きな目的の一つは、成長過程にある子どもたちが、性犯罪の危険から自己防衛できるようにしておくことです。そのためには、子ども自身がまだ性的に成熟していなくても、性犯罪というものの危険を知らせておくことが必要です。

そこで、9歳くらいになると、こうした問題を含み、子どもたちが性についての正しい助言を必要とする際に役立つ「子ども相談サイト」(http://www.kindertelefoon.nl)が紹介され、その使い方を授業で学びます。

「子ども相談サイト」は、8－18歳の子どもたちが、匿名・秘密厳守を原則に利用できるサイトです。もともと電話相談でしたが、現在では、多くの相談内容やヒントをウェブサイト上で見ることができます。そこで回答が得られず、どうしても直接誰かに相談したい時には、チャットや電話で相談できます。

サイトは、8－12歳向けと13－18歳向けに分かれています。相談内容のカテゴリーとして、「家庭事情」「友人関係」「自分のからだ」「感情」「いじめ」「学校での出来事」「恋愛と交際」「楽しいこと」といったものが並んでいます。おそらく日本の電話相談などとも共通するものが多いでしょう。

ここでとくに興味深いのは、サイト上で「お互いに助け合おう」というコーナーがあり、子どもたちのさまざまな相談に対して、同年代の子どもが自分の意見を言えるようになっていることです。たとえば、次のようなものです。

《相談1》(12歳女子)

「助けて。彼と交際していたけど、キスをして以来、いつも私のことをいじめるようになったの。もう交際をやめようと思うけど、彼は『もしそうしたらお前を殴るぞ』って言うの」

応答１（12歳女子）：「私があなたなら、両親に事情を説明して、自分がどう感じているかを話すわ。あなたのパパやママは、彼の両親のところに行って、何があったか言えるでしょ。それから、彼自身にも話をするわ。あまり彼の言うことに巻き込まれないように注意しなくてはいけないと思う。もし彼が何か嫌なことを言っても無視すること。それがあまりひどかったら、もう離れてしまえばいいでしょ。学校の反対側に行くとか。そして、もういっさい口をきかないこと。頑張って」

応答２（12歳男子）：「別れてしまえよ。両親にも別れたと言って、彼がどうするかみてみたらいい。男の子って、たいていは自分ではできないくせに大げさなことを言ったりするものだよ。だから、何もしないんじゃないかな。それに、君をいじめるんだったらいい友だちとは言えないと思うし。交際なんか馬鹿げているよ」

《相談２》（11歳女子）

「両親の喧嘩が絶えないの。私は何度も止めようとしたけど、私には聞こえないと思っているのか、いつまでも喧嘩をやめないの。ママは家でいつも泣き叫んでいるので、たぶん離婚するつもりだと思う。両親は、いつもソファでゴロゴロしているか、ゲームに夢中になっているだけ。私はもううんざり。誰か、何かいいアイデアがあったら教えて」

応答1（11歳男子）：「わかるよ、僕の両親も離婚しているけど、僕のことに興味をもってくれるなんてありえなかったな。いつもソファでゴロゴロ寝てばかりだったよ」

応答2（10歳女子）：「私だったら両親に手紙を書くわ。兄弟はいないの？いたら、一緒に話すといい。自分一人でいることはないわ」

この相談サイトを授業で紹介する際、教室では、生徒たちをペアにして、サイトにあげられている相談のうちのどれかを選び、それにどんなアドバイスができるかを話し合わせます。その際、教員は、

「相談内容についてどう思った？」

「自分でも同じような経験をしたことがある？　その時どうした？」

「誰か、相談に対して考えた自分のアドバイスをみんなに披露してくれる人いる？」

「自分でも何か相談したいことがある人は？」

などの声かけをします。

ここで気づかされるのは、こうした悩みへの対処法は個別のケースごとに異なるもので、何か教科書に書かれたような一般的な解決法を大人が示しても、それが子どもたちにとって納得できるものとはかぎらない、という前提に立っていることです。結局のところ、もうすぐ思春期を迎える子どもたちが出あうであろうさまざまな問題を乗り越えていくには、子どもたち自身が、ケースバイケースの事柄に対して自分で考え、自分で解決を求めるように練習をしておかなければならないのです。

でも、子どもが何かの問題に直面した時、たった一人で考えて解決ができるかというと、成長の途上にある子どもたちにとって、それはとても難しいことに違いありません。ですから、この授業では、「ほかの子どもにアドバイスする」「ほかの子どもからアドバイスを受ける」という経験をさせ、「自分だったらどうするだろう」「ペアを組んだパートナーはどう考えるだろう」「自分は女の子だけど男の子はどう考えているのだろう」「少し年上の子はどう考えているのだろう」と考えさせます。テーマとなっている問題に対して、自分とほかの子の解決法を比べ、他者とのリフレクションを通して、問題解決の練習をしているのです。

私たち大人は、恋愛関係がいつも理想的に進むものではないことをよく知っています。また、自分たちの人生を振り返ってみても、恋愛やそこから生まれる問題に対して、親は必ずしも子どもと同じ見方や考え方をしないということも知っています。そもそも、恋愛感情が起きてくるのは、本人に自我が芽生えるからです。そういう年頃の子どもは、何か問題が起きた時、親の意見を参考にすることはあっても、親の言いなりにはなりたくないものです。だからこそ、まだ思春期に入っておらず強い反抗心も芽生えていない子どもたちが当事者になり代わって考える練習をするこうした授業は、性の問題を親や友だちと率直に話したり、人間関係における判断の仕方を学ぶよい機会となっているのです。

スクールTV・政治家が語るはじめてのキス(9—12歳)

いよいよ第二次性徴がはじまり、他者への恋愛感情が芽生える思春期に差しかかる小学校高学年から、性教育授業で教えておかなければならない知識、取り扱う範囲は一気に増えます。子どもたちは、それまでとは異なり、自分の裸の姿に恥じらいを感じるようになるし、なかには、いくらか興味本位とはいえ、大人を真似て交際相手をもったりデートをしてみたりする子も出てきます。テレビや映画、雑誌やインターネットなどからの刺激を受けて、セックスへの関心も高まってきます。身体の変化とともに、感情が不安定になり、自分の外見も気になりはじめる年頃です。

9－12歳の小学校高学年の生徒を対象とした性教育で最も広く活用されているのは、「スクールTV」です。スクールTVは、オランダの公営放送局が制作している番組で、性教育だけではなく、社会科や理科など広い分野にわたる総合的な学びを行う際に威力を発揮します。15－20分程度のさまざまなテーマの動画が用意されており、教員は、どの教室にもあるインターネットにつながったデジタルボードにこれを映して、授業のなかで自由に利用できます。

スクールTVのなかに、「ドクター・コリー・ショー」という性教育用の動画シリーズがあります（https://www.schooltv.nl/programma/dokter-corrie/）。喜劇女優が白衣を着て「ドクター・コリー」に扮し、大人の目にはやや大げさな、けれどもこの年齢の子どもたちにとっては面白おかしく興味をそそるジェスチャーや台詞で、性に関するさまざまなテーマを取り上げ、番組に仕立てています。毎週日曜日の夕方6時15分から子ども向け番組として放映されていたものですが、ウェブ上に専用ページがあるので、学校でも授業で取り上げるテーマに合わせて使うことができます。

ドクター・コリー・ショーが取り上げているテーマをあげてみましょう。「恋の病」「キス」「勃起」「同性愛」「はじめてのデート」「裸」「言い寄ること」「マスターベーション」「月経」「ボーダーラインを引く」「恋をする」「インターネット上のセックス」「思春期」「コンドーム」「セクシーであるということ」「セックスって何？」

ど。

「生殖」「売春婦」「オンライン」「ワギナ」「ペニス」「ホルモン」「胸」「交際」などな

ドクター・コリー・ショーは、どのテーマも、まず、小学校高学年の子どもたちが質問を出すところからはじまります。「キスってどうやってするものなの?」「売春婦って何をする人?」「コンドームってどうやって使うの?」といった具合です。

ドクター・コリーは女医さんなので、舞台設定は病院です。そこに、本物の医師、生物学者、心理学者などが登場し、ドクター・コリーのユーモアたっぷりのインタビューに答えながら、専門的な知識を子どもたちにわかりやすく説明します。性行動に関する安全性や危険性を、科学的な事実をもとにして伝え、正しい自己管理ができるように情報を提供する役割です。登場するのは、専門家といっても大半は子どもたちにあまり世代の違いを感じさせない20代・30代の若い大人たちです。

また、番組のなかでは必ず、視聴している子どもたちよりも2－5歳年上のティーンエイジャーが数人スタジオに招かれ、その動画のテーマについてみずからの体験を語り合います。このように年齢がすぐ上の子どもたちの話を聞かせることで、視聴している子どもたちが近い将来に出あう性的な変化や性行動に対して準備ができるようにしているのでしょう。

さらに、毎回必ず、テレビによく登場する有名人たちがインタビューを受けます。

アイドルやスポーツ選手、政治家やジャーナリストといった人たちです。子どもたちにとって憧れの対象であり、子どもたちが自分の生き方や進路を考えるうえで、意識的あるいは無意識的にロールモデルにしている存在です。そうした影響力のある大人たちの率直な言葉は、照れたりごまかしたりしながらタテマエで語られる大人の言葉とは異なり、大切なものです。性を頭から「汚い」「不潔」と決めつけるのではなく、ポジティブに取り扱うことは、性をオープンに語る姿勢を養ううえで重要です。

テーマによっては、一般市民がインタビューに答えることもあります。たとえば「売春婦」がテーマの時には、アムステルダムの売春婦と、この地域を取り締まっている警察官とがそれぞれインタビューに答え、子どもたちにもわかる言葉で話をしています[★6]。

私が訪れたある小学校の性教育で使われていたドクター・コリー・ショーのあらすじを、ここで一例として紹介しておきます。関心のある方は、ぜひインターネットで視聴してみてください。

〈キスをテーマにしたドクター・コリー・ショー〉

ここでテーマになっている「キス」というのは、「ほっぺたにチュッ」ではなく、口を開けて舌をからめ合わせるキスのことです。

病院にやってきた白衣のドクター・コリー。「ドクター・コリー・ショーは、性についてどんな質問でも安心して質問できる場所よ！」と述べた後、小学生から「キスって、どうやってするもの？」と質問が出てきます。その後に間髪を入れずに出てくるのは、現オランダ国王が結婚式をあげた時の、宮殿バルコニーでの晴れやかなキスシーンです。

画面は一転、ドクター・コリーは病院の検査室に出かけ研究員の話を聞きます。若い男性の研究員は、「人間の口のなかにはどれくらいの数のバクテリアがいるのか」「キスをすると相手のもっているバクテリアが自分の口にも入ってくるが、それは危険ではないのか」といった質問に答えます。それから、スタジオに招かれている大学生くらいの若いカップルに、テレビカメラの前で実際にキスをしてもらいます。ただし、その様子をレントゲンで撮影しているかのような画面をほんの一瞬だけ見せて、「ダメダメ、キスをしている二人のプライバシーに触れるから」と、性行動が人に見せるためのものではなくプライベートな行為であることをさりげなく伝えます。

後半になると、中学3年生から高校生くらいの子どもたち数人が、スタジオの一室で、はじめてキスをした時のこと、その時の感想などをお互いに話し合います。なかには「まだキスの経験はない」と答える子もいます。周りの子どもたちはそれをからかったり、蔑んだ表情で見たりすることはありません。そんな様子を映し出すことにも、制作側の意図が含まれているのでしょう。つまり、性的発達は一人ひとりテンポが異なるもので、仲間に影響を受けて「同じでなければいけない」と考えるものではないと伝えているのです。

このテーマでは、番組の最後に、なんと政治討論会や取材で頻繁にテレビに登場する「民主66党」のアレキサンダー・ペヒトルド党首が登場。ドクター・コリーがぶつける「はじめてのキスはいつ?」「その時どんな気持ちだった?」「子どもたちにアドバイスするとしたらどんなこと?」といった問いに答えます。苦虫を噛み潰したような表情ではなく、面白おかしいドクター・コリーのノリに合わせ、視聴している子どもたちを意識した気さくな語り口です。

「はじめてのキスは中学1年生の時、学校のパーティのディスコで踊っていたら、突然クラスメイトの女の子に外に連れ出されてキスをされたんだ。ドキドキしたけど……でも、少しいい気持ちもしたな。子どもたちにアドバイスするとしたら、キスは強制されてするもんじゃない、自分から進んでそうしたいと思ってした時のほうが、ずっと気持ちがいいってことかな」と、カメラに向かって微笑みながら答えています。

カードゲーム「思春期クワルテット」（9－12歳）

これまで説明してきたように、生殖や妊娠といった性のしくみや、避妊など性行動に関する自己管理のための知識やスキルなどを、子どもたちは、学校で、さまざまな方法で学んでいます。そうした知識を確認するためには、テストといった味気ないものではなく、ゲームをして遊びながら行う方法も考案され、実際に使われています。ゲームは、知識の確認のためだけではなく、性について仲間とオープンに語る練習の場にもなりますし、仲間の反応をみながら他者のものの見方を学び、自分の見方を考え直す機会にもなっています。

「クワルテット」というカードゲームは、オランダで小学校低学年の子どもたちがよく遊ぶものです。さまざまなテーマごとに、4枚ずつセットになった何組かのカードが用意されています。はじめにそれをシャッフルして参加者に配り、お互いに持ち札を交換しながら4枚1組を集めていくというゲームです。たとえば、動物をテーマにしたクワルテットなら、いろいろな動物に関して、それぞれ4枚ずつのカードが用意してあります。牛のカードなら雄牛・雌牛・仔牛・牧草地の4枚で一組、パンダのカードなら雄パンダ・雌パンダ・仔パンダ・竹林の4枚で一組、というようにです。10種類の動物について、4枚ずつ合計40枚のカードをシャッフルし、プレイヤーの間で分け、それぞれが自分の手元のカードを見ながら、欲しいカードを持っているらしいと思う人とカードを交換して４枚１組を完成させていく、という遊びです。学校には年齢段階に応じて、いろいろなクワルテットが用意されています。

小学校高学年の子どもたちが性教育の授業で使うのは、「思春期クワルテット」というもの〔図３-13〕。「恋」「友情」「交際」「避妊」「境界線を引く」「キス」「別れる時の方法」「性についての知識」「思春期の男の子」「思春期の女の子」「感受性」「交際の申し込み方」「性病」という13のテーマに４枚ずつのカードがあります。たとえば「別れる時の方法」なら、電話で伝える・メールで伝える・直に伝える・手紙を書くの４種類です。それぞれのカードには、子どもたちが知っておくべき知識がイラストと簡単な文章で書かれており、子どもたちの目に自然に何度も飛び込んでくるので、授業で学んだことをゲームのなかで確かめながら遊べるというしくみです。

〔図3-13〕思春期クワルテット

性犯罪の犠牲者にならないためのメディアリテラシー（9―12歳）

今日の子どもたちは、私たち親の世代とは比べ物にならないほど多くの歪んだ性情報やセックスのイメージに取り囲まれて成長しています。ルトガース研究所の性的発達指標には、親からのこんな相談が例としてあげられています［★7］。

〈相談例〉 11歳の息子がポルノ映画を見ています。どうすればいいのでしょうか。

〈回答〉 この年齢になると、とくに男の子は、性的イメージに関心をもつようになります。だからといってすぐに心配することはありません。大切なのは、あなたの息子さんに対して、ポルノのなかのセックスは、見ている人を興奮させることを目的としてつくられた、演じられたものであるということを教えることです。そして、現実の性交渉は、それとはまったく異なるものであるということを教えます。現実のセックスでは、両者が快いと感じることにもっと関心を向けるものであり、お互いに優しく撫でたりすることも性交渉であることを教えましょう。子どもと一緒にセックスが描写されたものを見て、子どもがどう思うかを聞いてみてもよいでしょう。そして、あなた自身がそれについてどう思っているかを子どもに伝えましょう。

さすが、性についてオープンな姿勢が50年近くも続いてきたオランダだけあって、こんな回答になるのかと、思わずため息が出てしまいそうです。日本人の平均的な親には、かなりハードルの高いことかもしれません。

でも、ポルノにかぎらず、歪んだ性イメージ、露骨すぎる性描写は、現在、テレビのように家族と一緒に見るメディアだけではなく、インターネットのように親に隠れて見ることのできるメディア上にもあふれているのは事実です。そういうものを一掃しようといくら努力してもとうてい不可能なくらい、子どもたちはこうした情報にさらされているというのが残念ながら現実です。

ソーシャルメディアを使った性犯罪は、オランダでも問題になっています。とくに、自分を恋人を探している普通の若者に見せかけて、ネット上でセックスに興味津々の少女に近づき、売春を斡旋して金銭を巻き上げるという「ラバーボーイ」は、数年前に大きな問題として取り上げられ、以来、性教育の一つの課題になっています。

こうしたインターネットを媒介とする性犯罪の犠牲にならないために、オランダでは、10歳くらいの子どもたちに向けて、次のような授業をしています。それは、インターネットや携帯電話を、すべて「危険」だという理由で使用禁止にするのではなく、子どもたち自身が、そうした危険な面があることを知りながら、正しく安全に使えるようになることを目指した授業です［★8］。

まずはじめに、先生は、アイスブレーク（率直に意見交換できるように、お互いのこころをほぐすために行う小さな遊びのこと）の意味合いも込めて、子どもたちにいくつかの質問をします。そして「イエス」の子どもをその場で起立させるというゲームをします。

「家にコンピューターがある人？」

「自分の部屋にコンピューターかタブレットを持っている人？」

「携帯電話を持っている人？」

「自分の携帯を使って動画や写真を誰かに送ることができる人？」

「フェイスブック、インスタグラム、ワッツアップ、ツイッターなどを使っている人？」

といった質問です。こういう質問の間に、「猫を飼っている人？」「自分の部屋にいつも猫が入ってくる人？」などという質問を入れて子どもたちを笑わせると、場の雰囲気はいっそう和み、話しやすい雰囲気が生まれます。

それから、ソーシャルメディアのアプリのマークを一つずつスライドに映し出しながら、

「このアプリを使っている人は？」

「このアプリを使うとどんなことが楽しいの？」

「このアプリには何か危険なこともある？」

などと質問しながら、子どもたちの考えを引き出していきます。さらに、

「オンラインで誰かと友だちになることがある？」

「オンラインで友だち申請があったら、どういう時に受け入れている？」

「オンラインで友だち申請があっても拒否するのはどういう時？」

といった質問をします。その場の雰囲気が信頼できる安心なものであれば、子どもたちからいろいろな意見が出てくるはずです。どこか安心できない雰囲気であれば、まさしく、クラスの子どもたちの間で、ソーシャルメディアを使ったいじめなどが起きている可能性も考えられるでしょう。


こうしたやりとりをして、子どもたちに、ソーシャルメディアには、良い面ばかりではなく悪い面・危険な面もあるということを自覚させたうえで、スクールＴＶに収録されている「ラバーボーイ」をテーマにした動画をその場で子どもたちに見せます。動画はインターネットからダウンロードして、デジタルボードに映し出されます。

その動画は、思春期の小学生の女の子が、ソーシャルメディアで17歳の男の子に「言い寄られ」、こころが動いてしまうが、学校の授業を通して、それが未成年の女の

子に言い寄って売春をさせるという「ラバーボーイ」であるかもしれないと気づき、それまでオンラインにアップロードしていた、胸をはだけてセクシーな表情をしている自分の写真を削除するという内容のものです。動画では、その後、専門家が登場し、「みんながみんなラバーボーイかもしれないと恐れたり不安になる必要はないが、そういう危険があることを知って注意深くソーシャルメディアを使うことが大事なのです」と説明しています。最後に、「このくらいの年齢のあなたたちは、ソーシャルメディアで何か心配なことが起きても親には相談したくないと思うかもしれないが、そういう場合には、子ども電話相談を使って相談するように」と勧めています。

動画の視聴後、生徒たちには、次のような質問をします。

「もしも誰かがソーシャルメディアであなたに交際を求めてきたら、あなたならどうする？」

「その人に実際に会ったことがなく、知らない人だったら？」

「もしその人があなたよりずっと年上だったら？」

さらに、次のような質問を投げかけていきます。

「ソーシャルメディアで、誰かがあなたの電話番号を教えてくれと言ってきたらどうする？」

「あなたの姿をウェブカメラに映してほしいと言ってきたら？」

「あなたの写真を送れと言ってきたら？」
「あなたとどこかで会う約束をしたいと言ってきたら？」
「あなたに自分の裸の写真を送ってきたら？」
「あなたの裸の姿を見たいと言ってきたら？」

え、そんなことを学校でやるの？　と思われるかもしれません。あるいは、そんなことは家で親が教えるべきだ、と思われる方もいらっしゃるかもしれません。

でも、問題は、子どもたちはまさに、親から独立して「自立したくてたまらない」思春期に差しかかっているということです。しかも、性に関してはまったく経験がないにもかかわらず、性犯罪の犠牲に一番なりやすい時期なのです。オランダにも、性にかかわる事柄は話題にしない家庭はありますし、親にとって、子どもと性について語り合うのは決して容易ではありません。また極端な場合には、家族や親族の性暴力の犠牲になっている子どもたちもいるのです。

だからこそ、学校は、性に関する正しい知識と、性にかかわる犯罪の危険とを、隠すことなく子どもたちに示すことのできる数少ない場であるし、子どもたちは、クラスメイトとともにそれを学ぶことで、恐れたり恥ずかしがったりすることなく、こうした知識を身につけられるのです。

してはいけない性行動を見抜き、ノーと言えるために（11－12歳）

小学校の最終学年ともなると、すでにからだに第二次性徴が現れ、思春期に入っている子どもも出てきます。性に対する好奇心は増し、同時に、性犯罪や性的ないたずらの犠牲にもなりやすい時期に入ります。先ほど述べたソーシャルメディアを介した性犯罪の危険も増しますが、直接さまざまな大人と出会う日常生活のなかにも危険は潜んでいます。性は汚いことだから子どもが知る必要はない、かかわってはいけないなどとのんきに言ってはいられないほど、世の中には、子どもを取り返しがつかないまでに傷つけようとする大人がいるのです。

性犯罪や性的ないたずらをする大人たちは、年長であることを乱用します。そこで、この年代の子どもたちに、そうした社会的な圧力に負けることなく、はっきりと拒否できる力、危険を察知し、自分を守る力を身につけさせておくことが必要になります。また、子どもたち同士が相手を性的に傷つけるような行動をとらないことも大切です。

11、12歳くらいの子どもたちを対象とした性教育の授業では、「お尻を触る」「胸をつかむ」「スカートのなかをのぞく」といった性的ないたずらを例にあげながら、こうした行為について意見交換をさせることからはじめます。子どもたちが議論のテーマにすることができるよう、以下のような手紙［★9］や動画などが使われます。

〈手紙の例１〉

最愛のマリスカへ

どうしても聞いてもらいたいことがあるんだけど、とても話しにくいことなの。それに、自分が本当にバカだなって思って……。

昨日の晩、近所に住むアンナに電話をしたら、「一緒に外で遊ぼうよ」と言うし、お天気もいいし、もう夕ご飯も済んでいたので、急いで二階の自分の部屋に行ってマスカラをしたの。だって広場にはたくさん男の子がいるし、ちょっと綺麗にしたかったから。私とアンナは広場の向こう側の遊び場に行ったの。そこには、やはり近所の、私たちよりも少し年上の男の子たちが何人かいたの。はじめはとても面白かったわ。男の子たちもカッコよかったし、私たちにも親切だったし。こころのなかでは私も本当に楽しいなって思っていたの。

しばらくして、アンナのお母さんが携帯に電話をかけてきて、そろそろ家に戻るようにと言ったので、私は一人で残ることになったの。私は携帯電話を家に置いたままにしていて、本当は私も家に帰りたかったのだけど、男の子たちと一緒にそこにいるのも楽しかったし、もうちょっと残ってみようと思ったの。とくに一人の男の子が私にはとてもカッコよく見えて、その子も私のことをいいと思っているようだったわ。
しばらくして、その子の友だちもみんなどこかに行ってしまい、私だけがその子とあとに残ったの。急に汗が出てきて、心臓もドキドキしてきたわ、わかるでしょ。その子は私にすごくまとわりつくような感じになってきて、ベンチに一緒に座ろうって言うの。私がすごくいい匂いがするって褒めたり、綺麗な髪だねって言ったり……。それで、ベンチに一緒にしばらく座っていたの。けっこう楽しかったんだけど、それから急に、その子は腕を私のからだに回してきて、私にキスをしはじめたの。私もキスを返したわ。でも、それからその子は、私の胸に触りはじめたの。私はすごく驚いて、どうしたらいいのかわからなくなって、その子の手を押しのけたんだけど、その子は「そうしてほしかったんじゃないの?」って言うの。私は、そんなこと全然してほしいと思わなかったと言う勇気もなくて、とにかく家に向かって走って帰ったわ。あの子はたぶん私のことを本当にすごく馬鹿だと思うわね。でも、今はどうしたらいいかわからないの。ママやパパに話す勇気もないし、あの子とまたどこかで出会ったらどうしようと心配だわ。

あなたの友だちサンドラより

〈手紙の例2〉

最愛のマリスカへ

前に手紙を書いたのはいつだったかしら。私の11歳の誕生日にくれたカード、どうもありがとう。今日は、まだ誰にも話してないことをあなたに話そうと思ったの。私はとても恥ずかしいことをしてしまったと思っているのだけど、マリスカなら私のことを笑い飛ばしたりしないだろうと思うから。

うちの近くに住んでいるペーターのこと、知ってるわよね。ペーターは少し変なの。とても優しいことは優しいのよ。ずっと前、ペーターは私たちが外で遊んでいると、一緒に遊ぶことがあったわ。でも15歳になってから私たちのことを子ども扱いして、外では一緒に遊ばなくなったの。ペーターは自分の部屋にコンピューターをもっていて、いつもゲームに夢中になってるのよね。それに、とにかくものすごくたくさんゲームを知ってるの。

私もときどき弟と一緒にペーターのところに行ってコンピューターで遊んでいるの。ママはそうすると自分の仕事を長く続けられるので便利だし、ペーターのお母さんと約束して、週に2回、ママが家に帰ってくるまで放課後にペーターのところに行って遊んでもいいっていうことになっているの。はじめは楽しかったんだけど、今はもう嫌。ペーターはときどき私の隣にぴったりくっついて座ろうとするし、私の足を触ったり、上のほうを撫でてみたりするの。それか、私の後ろに立って私の肩越しに覆いかぶさるようにしてコンピューターを動かしたりするの。それに、いつも必ず私の胸に触ろうとするの。私はそれがすごく嫌で、本当はペーターの近くには行きたくないの。でも、そういう時にいつもペーターは何か言い訳をするので、私も嫌だって言えなくなってしまうの。

ところが、今度は、それよりももっと嫌なことが起きてしまったの。うん、ペーターが何か私にいたずらをしたんじゃないのよ。ペーターは、新しいゲームを見つけたら私に見せると言うんだけど、いつも弟を外に遊びにいかせるのよね。

それから、私にぴったりくっついて座ってコンピューターのスイッチを入れたの。そしたら、ゲームではなくて、画面に裸の人が出てくるすごく変なビデオが出てきたの。私は、いつになったらゲームがはじまるのって聞いたんだけど、ペーターはそれがゲームだって言うの。私がどこかに行こうとすると、それを見なきゃいけないって言うの。私は本当に吐きそうなくらい嫌だった。すごく気持ち悪いものを見せられて。思い出すのも嫌だわ。その後、本当に涙が出て仕方がなかったわ。でもペーターは、このことを誰にも話しちゃダメだって言うの。私だってママに話す勇気がないわ。だって、ペーターのお母さんはママの友だちだし。今は休暇中だからいいけど、また学校がはじまったら週に２回ペーターのところに行くわけでしょ。どうすればいいと思う？　どうしたらいいのかわからなくて本当に困ってるの。お願い、早く返事をちょうだいね。

あなたの友だちサンドラより

授業では、たとえばこのような手紙を見せて、まず、「してはいけない性行動」とは何であるのかを子どもたち自身に考えさせます。

大事なのは、「性行動はしてはいけない」と言っているのではなく、「していけない性行動とは何か」と聞くことです。「性行動はしてはいけない」と言ってしまえば、この子たちより数歳年上のティーンエイジャーたちが、お互いに納得して、親も公認のもとデートをしていることや、大人が日常生活のなかで普通にしているキスやハグなど、性行動のすべてが「してはいけないこと」で括られてしまい、話題にもできなくなってしまいます。

むしろ、性行動が活発になるよりも前の時期、あるいはそろそろほかの子のことが性の対象として気になりはじめる年齢で、性行動とは、どのような時に認められ、どのような時には認められないものなのか、どのような性行動はしてはいけないものなのかをしっかりと確認しておくことが必要なのです。それは、この手紙の例にもあるように、思春期に入ったばかりの子どもたちの身近にいる、少し年上の子どもたちがすでに性的に成熟しており、「してはいけない性行動」に走りやすい時期にあるからでもあります。

教員は、生徒たちが話し合ったり考えたりしたことを、キーワードとしてボードに書き出していきます。そして最終的に、次の3つのことを「してもよい性行動」の条件として子どもたちに確認します。すなわち、

①双方が承認していること。つまり、その行動を二人ともが同じようにしたいと思っていること
②お互いの自由意志に基づいていること。その行動を、自分も相手も同じように気持ちのよいことだと感じており、双方が望んでいること
③双方が平等の関係であること。一方だけが強い立場に立っていたり、強制したりしていないこと

それから、「してはいけない」のではないかとは思っていても、相手を拒否するの

が難しいのはどういう場合かを子どもたちと話し合います。たとえば「やってみたことがないので気持ちがいいかどうかわからない」（好奇心）、「自分が拒否すれば相手に嫌われたりバカにされたりしそう」（不安）、「そういうものだろうと思い、ノーと言えなくなる」（不確実）、「相手が自分より年上」（権威に抵抗できない）、「相手がよく知っている人」（信頼や依存の感情）などといった答えを引き出し、それについて話し合い、どういうところに危険性があるかを示すのです。

また、性犯罪や性的ないたずらを受けた時に、親などほかの人に助けを求めるのが難しいと感じられる理由についても、生徒の意見を引き出しながら話し合います。「ほかの人はどうせ自分の話を信じてくれないだろう」「人に話したら泣き出してしまいそう」「自分が犯した過ちなのだから言っても仕方がない」「自分がしたことが恥ずかしい」「ほかの人に話したら、相手が後で仕返しをしてきそうで怖い」「相談した相手がほかの人にも話しそうで怖い」などの理由が出てくるでしょう。

それでも、この授業では、「してはいけない性行動」に接した時には、助けを求めるようにと教えます。親に言えない場合、子ども電話相談などを利用することが勧められます。

この授業では、子どもたちが話し合っている間、スクリーン上に「ノー」と書かれたイラストを繰り返し映し出し、自分がしたくないことには「ノー」と言ってよいこと、相手が自分に対して望まない性行為を強制しようとした時には「ノー」と言わなければならないことを教えます[★10]。

この「ノー」についての学びは、すでに、4–6歳くらいの子どもの時からはじまっていることを前に述べました。

よく、「日本人はノーと言えない民族だ」などと言う人がいます。相手に反論したり、何かを断ったりできるのは、西洋人の民族的特性のように思われているのかもしれません。たしかに、アメリカやヨーロッパの人たちは、中学か高校生くらいになると、日本人の大人に比べてわりあい簡単に「ノー」と言えるし、逆に人から「ノー」と言われても、それを感情的にとらえず、さらりと受け流す強さをもっているようにみえます。でもこれは、何か生まれつきの民族性のようなものでは決してなく、学んで身につけるものなのです。言い換えるならば、日本人が「ノー」と言えないのは、そういうことを小さい時から学ぶ機会がなかったか、もっと言えば、たとえば学校の先生など「目上」の人に対して「ノー」と言うのはいけないことだと、どこかで教えられていることからきているのです。

現在、日本の学校で学んでいる子どもたちは、日本社会だけで生きていくわけではありません。また日本社会自体も、以前とは違って価値観が多様化し、一人ひとりが自分の意見をもち、自分らしく生きることが求められるようにもなってきています。つまり、社会的通念に従って生きるというよりも、「自分は何者で」「どんな価値観に従って生きているのか」を常に振り返りながら生きていなければならない時代になっているのです。その意味で、「目上の人にはノーと言えない」という道徳観念ではとうてい太刀打ちできない社会に、子どもたちは生きています。

このことは、オランダのある小学校の校長先生がこう言った時に腑に落ちました。

「とくに、西洋ではない国の出身で、伝統的に家庭のなかで親が権威的な行動をとるような文化からきている子どもたちは、学校で、教員が言うことに対してはほとんど『ノー』と言わないし、何か生徒同士で議論していても、相手の意見に『ノー』と言わない……。でも、それでは、私たち教員は、その子に何をどう教えていいのかわからないし、その子が何を考えているのかもわかりません。子どもが、自分で自立的に学んでいくためには、まず、嫌なことや知らないことに対して『ノー』と言えるようになることがとても大切です」

こうした移民家庭の子どもたちや日本人に共通しているのは、おそらく、権威に対する服従を家庭や学校で学んできているということでしょう。しかし子どもたちを餌食にする性犯罪や性的いたずらは、権威を笠にきて行われることが非常に多いのです。それは、男尊女卑の傾向のある国においては男性の権威、長幼の序の根強い社会では年長者の権威とつながっています。実際、性犯罪や性的いたずらは、性にまつわる話題をタブーとして禁じながら、教師や親という立場を利用して行われるものが少なくありません。それは、子どもからみれば、「信じ、頼りにしていたはず」の人から受けた裏切り行為として、こころの傷として一生残ることになりかねないものです。そんななかで、子どもたちに「ノー」と言っていいのだと教えることは、子どもの人権を尊重することであり、本当の意味で自立的に生きていくスキルを子どもたちに身につけさせることにほかなりません。

ガールズ・チョイスとボイザラス(10―15歳)

オランダの学校では、授業のなかに「遊び」を取り入れ、生徒たちが遊びながら楽しく学ぶ時間を豊富に設けていることは前にも述べました。それは、幼稚園や小学校にかぎらず、中学や高校でも同じです。「春のもぞもぞ週間」がやってくると、地域の保健所が派手なハート模様を施したバスを学校に派遣するなどし、戸外やバスのなかなど、普段の授業とは少し違う雰囲気の場所で、遊びながら性の知識を学べる工夫をしています。

ここで紹介するガールズ・チョイスとボイザラスというボードゲームは、小学校高学年から高校生くらいまでの生徒を対象にしたもので、それぞれ女子用と男子用のゲーム教材です。いずれも、専用の円盤型のボードをテーブルに置き、参加する人が交代でサイコロを振り、自分の駒を進め、そのたびにカードを一枚引いて、そこに書かれている課題に答えていくというゲームです。

まず、女の子用のガールズ・チョイスからみてみましょう〔図3-14〕。

〔図3-14〕ガールズ・チョイス

ガールズ・チョイスは、72枚のベーシックゲームのカードと、「男の子」「安全なセックス」「妊娠と母親になるということ」「エンパワメント」「セックスと恋愛」の５つのテーマごとに20枚ずつ合わせて１００枚のカードからなります。１枚のカードには、振ったサイコロの目に合わせて５つずつの課題が書かれています。

試しに、ランダムにカードを引いて内容を紹介してみると、こんな感じです。

【男の子】のカード

1. クラスメイトの女の子を好きになった男の子になったつもりで、その子をどんなふうに学校のパーティに誘うかやってみてください。
2. 女の子が何を望んでいるかは、男の子にはすぐにわかるものと思いますか？
3. サイコロをもう一度振ってください。
4. 女の子が妊娠しても男の子はそれにかかわり合いになる必要はない。この意見をあなたはどう思いますか？
5. 言葉を使わずにジェスチャーで、誰かに恋をしているとても恥ずかしがりの男の子の様子を表してください。

【妊娠と母親になるということ】のカード

1. 望んでいないのに妊娠していることがわかったとします。このことをあなたのボーイフレンドに伝える様子を演じてみてください。
2. 女の子は、ワギナから指で挿入された精子でも妊娠することがありますか？
3. もし妊娠したら学校をやめますか？

4. ピルを飲むなんて嫌だし妊娠すれば堕ろせばいい、という意見についてあなたはどう思いますか？

5. 言葉を使わずにジェスチャーで、あなたの2歳になる息子が階段から落ちて泣き叫んでいることにすっかりショックを受けた様子を表してください。

【セックスと恋愛】のカード

1. ボーイフレンドと抱き合い、愛撫し合っています。するとボーイフレンドがあなたの服の下に手を入れてきました。この時ボーイフレンドに、まだそこまでは許せないことをどう告げるか、実際に演じてみてください。

2. 誰かのお尻を冗談でつねるのはかまわないと思いますか？

3. あなたは簡単に誰かを好きになるほうですか？

4. 人が見ている前で長く熱いキスをすることについてあなたはどう思いますか？

5. 言葉を使わずにジェスチャーで、自分が恋に落ちている様子を表してみてください。

これらの例からわかることは、このゲームが、実際に遭遇する可能性のある状況を想定してロールプレイをする（その役割になったつもりで演じる）、質問に答える、ジェスチャーで表現するなど、いろいろな遊びの形式を使いながら、性的に成熟してきている子どもたちに自分の考えを表現させ、同時にクラスメイトの表現や反応を見て、お互いの性意識を知る一つのきっかけになっているということです。

ロールプレイやジェスチャーは、まだ見ぬ状況を想像して、自分のこととして考える練習になります。質問に答える形式は、正しい知識を確認したり、意見を形成したり、なんらかのクリエイティブな解決方法を見出すきっかけにもなるでしょう。

性教育は、内容によっては、男女が分かれて学ぶほうがうまくいくこともあるといいます。このゲーム形式での学びなどは、女子生徒だけで学ぶ場合の一つの方法といえるでしょう。

〔図3-15〕ボイザラス

では、男子生徒用のボイザラスはどのようなものなのでしょうか〔図3-15〕。

ボードのデザインやカードの種類など

には少し違いがありますが、基本的な形式はガールズ・チョイスとほとんど同じで、サイコロを振って駒を進め、カードを引いて、そこに書かれている課題をサイコロの目に合わせて行う、というものです。ボイザラスのカードは、小学生（高学年）用と中等教育（中高一貫、主として中学生）用に分けられています。「自分」「女の子」「友だち」「周囲の人」という４つのテーマで、それぞれ15枚ずつのカードからなります。

また、課題に答える時に使う、いろいろなタイプの写真のカード（「男の子」５枚、「女の子」５枚、「出会いの場所」７枚、「コミュニケーションの方法」５枚、「避妊方法」４枚）も同梱されています。課題には、質問に答える、なんらかの状況について自分はどうするかを答える、ジェスチャーで演じる、写真カードのなかから自分がそうだと思うものを選ぶ、という４種類があります。

こちらも、ランダムにカードを引いて内容をみてみましょう。

【自分】のカード（小学生用）

A. 強そうなことばかり言う偉そうな男の子は、何か不安を感じることなど絶対にない。正しいと思いますか、間違っていると思いますか。

B. あなたは同級生の女の子に恋をしています。今日、あなたは、彼女が、スポーツ好きの男の子が好みだと言っているのを耳にしました。あなたはスポーツが大嫌いです。あなたはどんなことを考え、何をするでしょう？

C. あなたの親友とあなたは、女の子はバカだという意見で一致していました。ところが、その親友に突然ガールフレンドができました。あなたはその親友に対してどうしますか？　演じてみましょう。

D. （「女の子」の写真を使って）自分に最も自信がなさそうに見える女の子はどれですか？

【自分】のカード（中学生用）

A. 思春期に起きる男の子のからだの変化を3つあげなさい。

B. 私は自分が好きになった人とだけセックスをしたい。この意見についてあなたはどう思いますか？

C. あなたの友人はみんなもう決まったガールフレンドがいるのに、あなたにはいません。あなたは女の子といると不安だし、まだセックスをしたこともありません。これについて、あなたが、自分のお兄さんにそれについて話をしている様子を演じてみましょう。

D. あなたはある男の子と交際しています。その子のことが好きで好きでたまりません。あなたたちはもうキスをしたことがありますが、まだそれ以上のことはしていません。ある日あなたは、交際相手の男の子が、自分の友だちに、あなたたちはもうセックスをしたのだと言っているのを知りました。あなたは彼に何と言いますか。

【女の子】のカード（小学生用）

A. はじめてセックスをした女の子はいつも出血する。本当ですか、本当ではないですか。

B. 挑発的な服を着てセクシーな態度をとる女の子はセックスをするつもりでいるという意見に対して、あなたはどう思いますか？

C. あなたのガールフレンドのおばあさんが誕生日を迎えました。あなたのガールフレンドは、おばあさんがあなたに会いたがっているので、あなたにも一緒に来てほしいと言っています。あなたは本当はその日の晩、友だちとサッカーの試合を見にいきたいと思っていました。あなたのガールフレンドにどう説明するか、演じてみましょう。

D. あなたは、学校のパーティでダンス会場の前に立っています。あなたのすぐ隣に立っていた男の子が、あなたとダンスをしたいと言ってきましたが、あなたはその気がありません。どうすればうまく相手に伝えられるでしょうか。

【女の子】のカード(中学生用)

A. 女の子の月経はどれくらいの期間続くものですか?

B. 教室には、女の子と男の子がちょうど半々くらいいると一番楽しい。あなたはこの意見をどう思いますか?

C. 授業中、あなたは女の子の隣に座っています。あなたがその子に何か言うたびに、その子は真っ赤になります。どうしてそんなに赤くなるのかをその子に尋ねている様子を演じてみてください。

D. (「出会いの場所」の写真を使って)デートの時に女の子が好きそうだと思う場所はどれですか?

ボイザラスでは、ガールズ・チョイスと違い、女の子の性についての知識を問うものや、この年齢の男子同士のピアグループにありがちな集団内の同調圧力に屈しないための方法、同性愛者を尊重することや付き合い方などが課題としてあげられているのが興味深いです。おそらく、思春期の男子生徒にとって、このようなところで問題が起きやすいためでしょう。

思春期は親への反抗期（12―15歳）

さて、中学に入れば、思春期もいよいよまっさかり。子どもたちの自意識は高まり、外見に気を遣うようになります。人からどう見られているかが気になり、周りから排除されることを恐れて仲間内の同調圧力が増したり、いじめが増えたりする時期です。

この年齢の子どもたちは、それまでの性教育を通して性や生殖のしくみについてはすでに十分な知識をもっており、避妊方法も全部学んでいますが、自分や恋人の性への関心や性欲にどう折り合いをつけていくべきなのか、知識だけではなく、実践場面での判断が必要になってきます。

娘が高校1年生の時、生物の授業で人の生殖のしくみが取り上げられていました。娘は、「もういい加減にしてほしいわ、これで3回目よ。昨日の授業では、男子が女性器の図を、女子は男性器の図をノートに描いて、各部位の名前を書き込むのよ」とうんざりした表情で話していたものです。

けれども、そういう娘のぼやきを聞きながら、親である私は、「ああ、学校で何から何まで教えてくれてよかった」「こういうことは、家で親子で話しながらではなかなかうまく教えられるものではないな」と密かに思ったものです。第二次反抗期にあるこれくらいの年齢の子どもは、親の言う通りにはしたくない、自分らしい独自の道を歩みたいと思っているのが普通です。そういう時期の子どもたちに、落ち着いてじっくり何かを「言って聞かせる」のは、至難のわざです。たとえば「あんな友だちと付き合って、悪い影響を受けなければいいけど」などと思っても、そんなことを言おうものなら、逆効果にならないともかぎりません。

ルトガース研究所の性的発達指標には、この年齢の子どもたちの多くが、誰かに恋をしたり、性的に魅せられていたりするものだと書かれています。また、次のような親の相談例が掲載されています［★11］。

〈相談例〉 私の息子は14歳ですが、最近どんどん自分の思い通りにしたがるようになりました。私はそれでもよいとは思いますが、息子のこころが何に囚われているのか、ぜひ知りたいと思います。

〈回答〉 お子さんに対しては、いろいろな方法で、親であるあなたが「関心をもっている」ことを示すことができます。食事の時に、その日がどんな日だったかとか、誰と一緒に過ごしたのかと聞くこともできるでしょう。そして、お子さん自身はどのように考えているのかを尋ねることもできるでしょう。彼がオンラインで何をしているのかを尋ねてみるのもいいでしょう。お子さんが自立したいという態度をとっていても、親は、興味深いという態度を示すことによって、彼が何をしているのかを知ることができますし、お子さんは、何か困ったことが起きた時には、いつでもあなたに相談すればいいのだということを知ることにもなります。

WHOヨーロッパ支部が行っている学齢期の子どもたちの健康行動調査において、オランダの思春期の子どもたちがいつも際立っているのは、「親と何でも話ができる」と考える子どもの比率が高いことです［★12］。

オランダの大人は、あまり残業をしませんし、パートタイムもフルタイムと同じように正規労働として扱われているので、多くの親は、専門職や管理職も含め、週に3日か4日だけ就労しています。そのため、親子が接触する時間が十分にあるのです。有給休暇は全部とるのが普通で、学齢期の親の多くは、働いていても、学校の休暇に合わせて、夏に2－3週間、冬に1－2週間、そのほかの短い休みを合わせると年間で5－6週間の休みをとります。またオランダのほとんどの家庭では、夕方6時には親が帰宅しており、家族が全員揃って夕食をとっています。

ですから、先ほどの相談例の回答にある「食事の時に子どもの話を聞く」というのは、難しいことではありません。食事のテーブルに家族全員がついているという状態が当たり前で、学校での出来事、友だちとの関係などについて、それほど肩肘張らずに、自然に話題にすることが習慣になっているからです。

「愛よ、永遠に」(12－15歳)

子どもたちも思春期になると、性ホルモンの分泌が活発となり、他者への恋心が芽生えます。性についての好奇心が増し、性行動に興味をもち、実際に性交渉体験も増えてきます。性的マイノリティの子どもたちも、自分の性的指向性に疑いをもったり気づいたりするので、正しいガイダンスがとくに重要な時期です。

この時期の性教育の内容は、大きく二つに分かれています。一つは、性的に成熟し、(自慰行為を含め)性的行為が増えていく時期の子どもたちが、性病や望まない妊娠に至らないための、実践的対策としての「避妊指導」と「困った時の対処法」を教えること。もう一つは、恋愛や性問題について子どもたちを自覚的にさせ、お互いの経験や感情を話し合いを通して仲間と交換し、自分の考え方を振り返るなどして「恋愛に対する価値意識」の形成を助け、性について多様な考え方や見方があるということを学ばせることです。

思春期以降の生徒たちに対して最も広く採用されている性教育プログラムは、「愛よ、永遠に(Lang Leve de Liefde)」というものです〔図3-16〕。これはルトガース研究所、性病エイズ研究所（Soa-Aids）、マーストリヒト大学、国の保健局（ＧＧＤ）が共同で制作したプログラムです。中等教育前期（中学）向け、中等教育後期（高校）向け、４年制の中高一貫校を卒業した後に進学する中等職業専門学校（16－20歳）向けの３種類があります。

「愛よ、永遠に」の６回の授業は、それぞれ約１時間でできるもので、生徒用の冊子（教科書に代わるもの）と、教室のボードやスクリーンに映し出されるスライドや動画（専用ウェブサイトからダウンロード可能）を使って行います。教師のための心得を書いたマニュアルも別につくられています。「春のもぞもぞ週間」をキッカケにして一定の期間に集中して行われることが多いようです。

〔図3-16〕「愛よ、永遠に」（表紙）

中学生用の６つの授業のテーマは、「あなたに何が起きる？（性徴の変化）」「あなたはどう変わる？（からだやこころの変化）」「あなたが引くボーダーラインはどこ？」「セックスを楽しいものにするために」「安全な性交渉って何？」「安全な性交渉ってどうすればいい？」というものです。取り扱われている内容は、

「思春期」「恋をする」「交際」「同性愛」「欲望、ボーダーライン、抵抗する力」「インターネット」「ラバーボーイ」「初体験」「性に関して起きる問題」「助けを求める」「安全にセックスをする」「コンドームと避妊法」などです。

思春期まっさかりの子どもたちのこころとからだに寄り添いつつ、からだの変化に伴って起きる自分のなかの性的欲望に子どもが自覚的になること、自分で自分の「ボーダーライン」（○○は受け入れられるけど××は受け入れられない、という境目）がどこであるかを言えるようになること、そしてそのボーダーラインに従って、望まない性関係を求めてくる人に対して抵抗する力をもつことに重点がおかれ、同時に性交渉の安全なあり方を、性病感染の危険性とともに包み隠すことなく教えます。

出前授業（12―16歳）

職業訓練進学コース（オランダ語でＶＭＢＯと呼ばれ、卒業後に大学や高等専門学校などの専門教育を受けるのではなく、職業訓練学校に進学するための準備をする中高一貫校。12―16歳の4年間のコース）をもつ中等学校を訪問していた折、ちょうど性教育の出前授業に来ていた女性と出くわしました。

出前授業は、医療や介護関係の知識、たとえば新しい薬品の使い方、家庭での障害者・高齢者の介護の仕方といった情報を生徒に伝えることを目的に、学校に派遣される専門指導員によって行われるものです。病院や地域の団体の依頼に応じてそうした情報を提供するサービスを行う企業などが、講師となる職員の派遣を請け負います。

中等学校では、通常、日本と同じように教員が科目別に分かれており、ヒトの生殖や妊娠・出産のしくみなどについては、生物の授業でも取り扱います。しかし学校によっては、長い夏休みなど、子どもたちがつい羽目をはずして興味本位の性行動に走りがちな時期の前に、安全な性行動についての確認の意味も込めて、出前授業を頼むことがしばしばあります。

私がある学校でこの女性に出くわしたのは、その女性がちょうど出前授業を終えて、授業で使用する赤い箱をしまっている時でした。「赤い箱」というのは、オランダの学校では有名で、小学校高学年の教室にもときどき備えてあります。なかには、ありとあらゆる避妊具の実物と、実物大のペニスの模型が入っています〔図3-17〕。

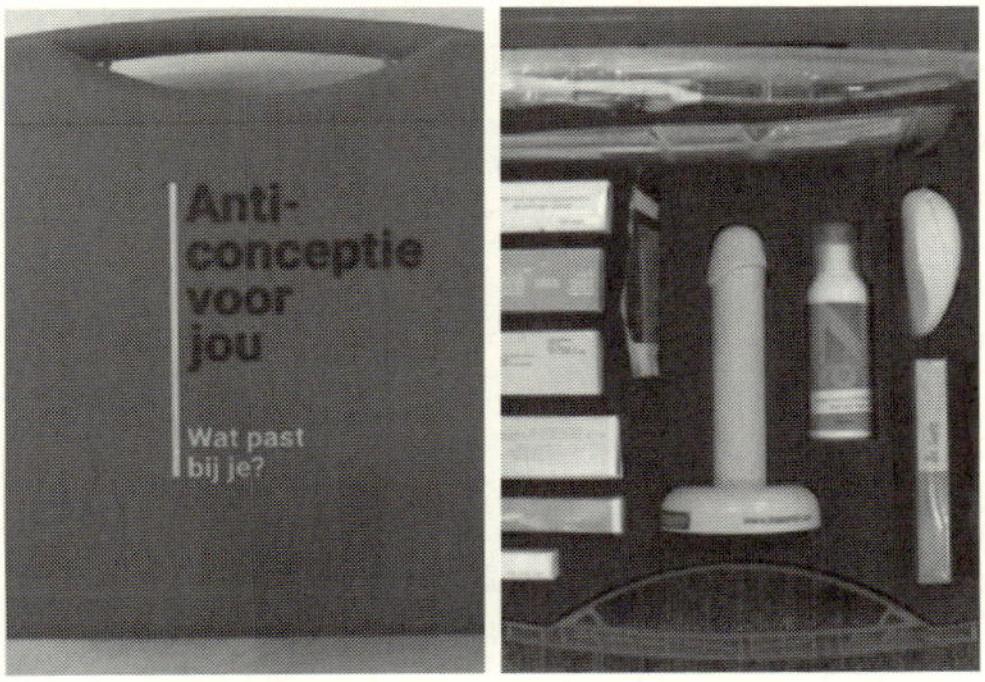

〔図3-17〕「赤い箱」

この女性に後日、出前授業の様子を再現してもらうようお願いしました。その内容は、以下のようなものです。

まず、授業の最初に、生徒たちを円座に座らせ、話がしやすい状況をつくることからはじめます。小学校での性教育授業と同じです。顔と顔を合わせ、大声を張り上げるのではなく、普通の声で気さくに話せることが何よりも大事だといいます。また、そこで交わされる会話の内容はほかでは絶対に漏らさない、お互いに相手が言ったことを笑ったりバカにしたりしない、と約束します。こうした状況を最初にきちんとつくることによって、安心して発言できる場が生まれます。出前授業にやってくるのはその時かぎりの指導員で、生徒にとって普段から馴染みのある人ではないのですが、こうして安心感を生み出すことで、そこにいる生徒が、自分が同性愛者やバイセクシュアルであるとはじめてカミングアウトするケースが稀ではないといいます。

次に、マスターベーションは、性交渉による性病感染や、望まない妊娠のリスクを避けるための行為として正当なものだと説明します。続いて、複数の相手との性交渉による性病や口唇ヘルペス感染の危険性を教え、万が一に備えて性病検査の受け方を教えます。オランダでは、性病検査のための施設は、各地の保健所に付設されています。未成年でも、電話予約だけで、名前を聞かれたり顔を見られたりすることなく無料で検査を受けられ、数日後に結果が送られてきます。

その後、この出前授業でもやはり「欲望」と「ボーダーラインを引くこと」についての話が出てきます。ここでの授業を聞いているのはすでに性的に成熟した生徒たちですから、これまでよりもずっと具体的に、出会いから性交渉に至るまでのステップを一つずつ示し、一人ひとりに自分はどこまで受け入れるかを考えさせ、ボーダーラインをどこに引くかを判断させます。「相手の気を引く」「手などを握る」「抱擁したりキスしたり愛撫したりする」「お互いに相手の服を脱がせる」「性交渉する」というステップです。

そこでの会話は外部に漏らされることはないという約束のもとで、お互いのボーダーラインがどこにあるのか、また、ボーダーラインをそこに引く理由は何であるのかを話し合うことで、文化や宗教の異なる子どもたちがお互いの価値観の違いを学ぶことにつながります。この出前授業は、事前に保護者にも通知して行われ、授業後、生徒には授業で話し合ったことを家で両親と話すことが宿題として課されます。その結果、親もまた、思春期の子どもたちのこころやからだの変化を知り、それに正面から向き合わされることとなります。

それから、望まない妊娠が起きないように、また性病への感染を防止するために、「赤い箱」を使いながら、具体的な避妊方法を学びます。たぶん生徒たちは、小学校の頃に教えてもらった時よりも、ずっと現実味をもって話を聞いているはずです。生徒たちは、実際に避妊具を手に取ったり、ペニスの模型を使ってコンドーム装着の仕方を学ぶなど、実践的に避妊の仕方を学びます。前述のように、オランダでの「安全なセックス」の定義は、最低二つの避妊法を用いることとされています。一つだけの方法では黄色信号、すなわち万全ではないことが教えられ、万が一に備えて女子生徒にもコンドームを携帯することが推奨されています。

相談サイトの使い方(中学生以上)

「愛よ、永遠に」や出前授業では、必ず最後に、生徒たちのための性相談サイトが紹介されます。推奨されているのは、性病エイズ研究所、ルトガース研究所、保健局、厚生省が共同で制作・運営しているsense.infoというサイトです(www.sense.info)。

このサイトの内容を一覧表として示しました〔表3-1〕。ページを開いて何よりも驚くのは、いきなり「男性のからだ・女性のからだ」というリンクがあり、それぞれのリンクを開くと、コンピューターグラフィックスでつくられた男の子と女の子のからだが出てきて、それぞれ服を脱がせると、性的に敏感な身体の部位が示され、性交渉の際にどうすればそうした部位を刺激できるかの方法が示されていることです。

つまり、このサイトは、決してセックスをしてはいけないとか、安全なセックスの

大項目	小項目	概要（著者による）
あなたのからだ	女の子のからだ、男の子のからだ、トランスジェンダー、セックスダミー	男女のからだの敏感な部位を示し、気持ちのいい性交渉の仕方を教える
愛と関係	好きになること、気を引くこと、関係をもつこと、レスビアン・ホモ・バイ・ヘテロ、文化と宗教、男らしさと自分らしさ	恋愛相手との関係のもち方、自分らしくあることなどについて
セックス	セックスについて互いに話す、初体験、セックスのテクニック、セックスで起きる問題、セックス・アルコール・麻薬	はじめてのセックスへのプロセス、テクニック、性交渉で起きる問題の相談など
セックスとインターネット	インターネット上で人の気を引く、同性愛者のためのオンラインデート、ポルノをみる、ウェブカメラセックス、子どもを犠牲にする大人たち、セクスティング（携帯電話やタブレットを使った性的コミュニケーション）、セックスクイズ	さまざまな形態のインターネット上の性行動の危険性を教える
ボーダーラインについて	意に沿わないセックス、ボーダーラインを超えてしまった?、自分を守れ、相手はどこまで求めている?、嫌な経験が残すこころの痛み、ヘルプとアドバイス	ボーダーラインの引き方、超えてしまった時のヘルプとアドバイス
コンドーム、ピルなど	コンドーム、ピル、ピルを飲み忘れた?、スパイラル・リングその他の避妊法、どの方法を選ぶ?、避妊のお話	避妊方法のすべて
性病	性病テスト、性病の予防、性病の種類	性病の予防と感染した場合の対処方法
妊娠	妊娠しないためには?、危険なセックスをしてしまったら?――すぐに対処を、モーニングアフターピルについて、妊娠したかもしれない、妊娠だ――さあどうする?	危険なセックスをしてしまった時の対処方法と妊娠した時の対処方法
体験談		恋愛や性交渉に関するさまざまなケースについての体験談集
セックスABC		セックス用語辞典
よくある質問		
ヘルプとアドバイス		チャット、メール、電話、相談予約、オンラインヘルプ
Sense ライブチャンネル		同性愛者の二人が毎日2時間ずつライブで相談に応じる

〔**表 3-1**〕sense.infoのサイト構成

ためにどんな避妊をすべきかということだけを示しているのではなく、どうすれば気持ちのいい性交渉ができるかというアドバイスが一番はじめに出てきているのです。繰り返しますが、厚生省がみずから制作に参加し、推薦しているサイトです。

また、性的マイノリティの子どもたちの相談サイトでもあり、自分が性的マイノリティなのではないかという疑いをもっている子どもへの相談や、性的マイノリティの子どもたちがうまく恋愛対象を見つけるためのアドバイスも書かれています。

動画を使って語り合い、お互いの性意識を受け入れる(12—19歳)

これまでにも何度か紹介しましたが、オランダの学校の授業では、動画が頻繁に用いられます。学校におけるＩＴ設備は、２０００年頃に国が特別資金を投入して整備されており、現在では、初等・中等教育（小学校から高校まで）のすべての教室に、インターネットに接続したデジタルボードやプロジェクターが備えつけられています。教材会社も、書籍形式の教材だけではなく、授業で自在に使える動画をふんだんに用意し、アップデートしながら学校に提供しています。

小学校の性教育では、前述のドクター・コリー・ショーが広く活用されていますが、中学生や高校生を対象としたものとしては、Let's Talk という教材があります［★13］。タイトルの通り、動画を見て、そのなかに登場してくる同年齢の子どもたちの行動や態度について、みんなで話し合うことを目的とした教材です。このような動画は、教室や校舎のなかだけではなく、家庭（リビングルーム、食卓、子ども部屋など）や公園、パーティ会場、路上など、放課後や休暇中に子どもたちが遭遇する、性行動が起きやすい状況を想定して話をするのに役立ちます。

Let's Talk には29本の動画が収められています。どれも5－10分程度の短いもので、たとえば以下のような内容です。

- オランダ人の開放的なセックス文化を赤裸々に描いた若いオランダ人女性ライターの家を、イスラム教徒の若い女の子たち数人が訪れてインタビューし、お互いに質問しながら性意識の違いをぶつけ合い、双方の考えを理解しようとする
- 15歳前後の男子3人と女子3人が向き合って、「男らしさ」や「女らしさ」について話し合う
- ディスコパーティ会場にやってきたベールを被ったイスラム教徒の女子生徒が、男子生徒に「処女性」についてどう思うかを尋ねる
- 13歳から21歳までの男女が、はじめての性交渉体験について話し合う
- 同性愛やバイセクシュアルの生徒たちが、カミングアウトした時の気持ちや学校で

いじめられた経験を語る

●イスラム教徒の女子高校生3人がゲイパレードの会場に行き、同性愛者と意見交換をする

●ネット上で匿名の男性たちと性的に戯れながらチャットをしている女子生徒へのインタビュー

●家庭で母親の再婚相手から性的ハラスメントを受けている女子生徒の話

●厳格なキリスト教宗派の青年団の行事に来ているオランダ人の若者への、性に関する考え方についてのインタビュー

●若い時に恋人と称する男性（ラバーボーイ）に騙され売春婦となった経験のある女性が苦悩を語る

教材では、一つの動画ごとに、子どもたちの考えを深めたり、意見を出させる刺激となるいくつかの問いがあげられています。

はじめに書かれているこの教材の目的は、①セクシュアリティや性的ライフスタイル、ジェンダー役割意識についての意見や感じ方、実践は一人ひとり異なることをお互いに受け入れられるようになること、②男女の違い、性行動の帰結（妊娠や性病感染）について知り、お互いのボーダーラインがどこにあるかを意識して、何はしても

よくて何はいけないのかについて自分自身で判断できるようになること、③性の問題をほかの人とオープンに議論できるようになること、④自分の意見を言うだけではなくほかの人の意見に耳を傾けられるようになること、です。

文化や宗教によりボーダーラインの引き方が異なることを教え、それを互いに尊重することの重要性に気づかせるためのこの教材をみていると、性教育とは大きな意味で、人権尊重と市民としての権利・義務を題材としたシチズンシップ教育にほかならないことに気づかされます。

第4章

〈性の多様性〉教育

〈性の多様性〉教育＝インクルーシブ教育

性教育、とりわけ〈性の多様性〉教育は、突き詰めると、人間の尊厳を大切にすることを学ぶ教育です。その意味で、市民教育であり、価値観の異なるあらゆる人々と共生することを学ぶインクルーシブ教育そのものであるともいえます。

オランダで２０１２年に性教育が義務化された経緯について先に述べましたが、その背景には、宗教や文化的価値観を理由に、女性が性的権利を保障されなかったり、性的マイノリティの人々が暴力やいじめを受け、安心・安全な場で学び暮らすことができなくなっている状況がありました。それまでも性教育そのものは存在していたのですが、この２０１２年の義務化以降、性教育の教材には、性の多様性を強調するものが増えました。また、各地の保健所には、性にかかわる健康相談に乗る専門看護師やＬＧＢＴ問題に取り組む職員などが配置されるようになり、学校の支援をはじめています。

本章では、とくに性の多様性について、教室でどのような活動が行われているのかを紹介していきたいと思います。

男らしさ・女らしさにとらわれない（4–6歳）

5歳くらいの子どもたちを対象にした授業例をみてみましょう。この授業のテーマは「男の子と女の子」というもので、いわゆるジェンダー役割意識に関連したものです。

授業の目的は、子どもたちが、男の子と女の子の身体上の違いを意識するとともに、メディア上でみられる男女の性別ステレオタイプ（固定観念）、もう少しわかりやすい言い方をするならば「男らしさや女らしさ」について考えてみること、さらに、男女は平等であるということを学ぶことにあります。

授業では男の子と女の子の裸のからだの絵を見せますが、その際、性器についても避けずに取り上げます。そして、性器を家ではどう呼んでいるか、いろいろな言葉を出し合った後で、学校では性器をどう呼ぶか約束します。こうすることで、恥ずかしがったり、不適切に感じたりせずに、性についてオープンに話をする土台ができます。

次に、スライドに映し出されたイラストを見ながら、子どもたちに、男の子と女の子の違いや共通点を述べさせます。また、ピンクやブルーその他の色の衣服を見せて、着せ替え人形のように、どの服が男の子の服で、どの服が女の子の服かといった話し合いもしてみます。いろいろな種類のおもちゃを見せ、男の子が好きなおもちゃ、女の子が好きなおもちゃをあげさせて、同時に男女にかかわらず誰もが遊ぶおもちゃについても話題にします。

先生が使う授業マニュアルに、この授業の箇所で、次のような点に注意すべきだと書かれているのが興味深いです［★1］。

もし子どもたちが性的ステレオタイプ（男らしさ・女らしさ）にとらわれた、決まり切った答えを出す時には、こんなふうに問いかけてみよう。「でも、本当にそうかなあ？　みんな周りをよく見てみたらわかると思うけど、自動車のおもちゃで遊んだり、ドレスを着なかったり、サッカーが好きな女の子もいるでしょ。それから、お人形で遊んだり、ドレスを着てみたり、友だちとキャッキャッって笑う男の子もいるじゃない。男の子と女の子が、みんな同じことをしているわけではないよね」という具合に。この授業の目的は、何らかの決まった役割行動について、お互いに尊重して行動し、同時に、性的ステレオタイプのイメージを壊すことにある。

こういう活動や話し合いを通して、すべての人が、男か女かではなく、一人ひとり特別でユニークな存在であるということを子どもたちに確認するのです。

こうした年齢では、子ども自身はもとより、親も、自分の子どもがＬＧＢＴかもしれないと考えることはあまりないかもしれません。しかし、ＬＧＢＴの子どもたちの行動や自覚は、徐々に育っていくものです。そうした子どもたちが、マイノリティとして不安を感じることなく生きていけるためには、早い時期からどんな人もみなユニークで、自分らしく生きる権利があるということを認め合える環境をつくっておくことが大切です。

いろいろな子どもたちが集まって共同生活をする学校という場は、良くも悪くも、とても大きな影響力をもっています。そこでは、子どもたちとじかに接している教員が、どんな性意識をもっているかが問われます。プライベートな個人ではなく、子どもたちの模範となって行動することが期待されている「教員」として、みずからが男らしさや女らしさの固定観念から解放されていることが重要なのです。

恋愛相手は異性とはかぎらない（６―９歳）

オランダの性教育の授業で「人を好きになること」や「恋愛」について最初に取り上げるのは、８歳頃です。以前、ある小学校を訪問していて、それくらいの年齢の子どもたちの教室に、子どもと同じくらいの背丈の人形が、床に敷かれたマットの上に置かれているのを見かけたことがありました。2体の人形が楽しそうに抱き合っている様子を見て、驚いたのを思い出します。教室は、赤いハートの飾りでいっぱいでした。偶然だと思っていましたが、今になって思うと、「春のもぞもぞ週間」の最中だったのだと気づきます。

「恋」について教える授業では、教員が、「私が今誰に恋をしているか知ってる?」と問いかけたり、「恋をするってどういう意味か知ってる?」「恋と友情は同じかな?」と考えさせたりします。また、同じくらいの年齢の子どもが交際している様子を動画で見せ、人を好きになった経験があるか、誰かを好きになった時にどうやって相手にそれを伝えるかなどを、子どもたちに話し合わせます。

その後で、「男の人が男の人を好きになったり、女の人が女の人を好きになることについて、みんなはどう思う?」という問いかけもします。オランダは20年近く前に、世界ではじめて同性同士の婚姻を合法化した国です。同性のカップルが子どもをもつこともあるし、養子縁組をすることも法律で認められています。子どもたちの両親が同性カップルである可能性も決して低くないのです。当然、友だちの親、親戚などに同性のカップルがいることもおおいにありえます。

原理主義的で厳格なキリスト教宗派の信者であったり、イスラム教徒であったりする場合には、こうしたカップルが周りにいるという意識は低いかもしれません。でも、学校教育は、当然ですが、オランダという国の憲法に基づいて、公教育として行われるものです。また、学校は、自分の文化や宗教とは異なる他者と出会うことで、そうした人々と共生することを学ぶ場でもあります。

ここでも、授業マニュアルにある教員に対する次のような注意書きが注目に値します。

誰でも男の子か女の子に恋をすることがある。男の子でもほかの男の子を好きになることがあるし、女の子でもほかの女の子を好きになることがある。それは、オランダにかぎらず、すべての文化において起きることである。また、自分とは異なる宗教を信じる人や、自分とは異なる肌の色の人、または、車椅子に座っている人を好きになることもある。また、テレビに出てくる人を好きになることもある。恋する気持ちは抑えることができないものだし、誰にでも生じるものである。

多くの人は異性愛者だが、約10％の人は自分と同じ性別の人を好きになったり（同性愛）、ある時は同性を、ある時は異性を好きになったりする（バイセクシュアル）。それは、自分ではどうすることもできないものである。ただ、誰もがこれを容易に受け入れられるというわけではない。そのため、同性愛のカップルが、時に、罵られたりいじめられたりすることがある。オランダでは、誰でも、誰に恋をするかは本人の責任において認められている。一人ひとりの選択に対して、尊重の気持ちをもつことが重要である。

教員に対して改めてこうした認識が促されているのは、教員自身がＬＧＢＴに対して偏見をもっていたり、偏った文化や宗教的背景をもっていたりすることがあるからです。憲法第23条で「教育の自由」が認められたオランダでは、さまざまな宗教団体が、それぞれの宗教的理念に基づいて学校を設立し、教育を企画・実践することができます。つまり、キリスト教のなかでも厳格な原理主義者だけ、ユダヤ教徒だけ、ヒンズー教徒だけ、イスラム教徒だけの親が集まって学校を設立し、公立校と同等の公教育費を国から受け取って、自分たちが信じる教材や方法で子どもたちを教える自由があるのです。こうした学校では、学校の設立者（理事会）やそこで働いている教員たちの多くが、そうした宗教の信者であることが稀ではなく、性をタブーとみなしていたり、ＬＧＢＴに対して偏見を抱いていることがないとは言い切れないのです。

けれども、性の多様性の尊重は、憲法第1条に定められた人権条項に基づいています。憲法は、「教育の自由」が認められているとはいっても、すべての宗教的信条や文化的差異よりも上位の大原則です。だからこそ性教育を「中核目標」のなかで義務化し、すべての学校が、性的マイノリティの権利を保護尊重することを定めたのです。

同性愛をテーマにした「ドクター・コリー・ショー」(9―12歳)

前章で紹介したスクールTVの性教育番組「ドクター・コリー・ショー」でも、LGBT、とくに同性愛者や両性愛者がテーマとして取り扱われています。そもそも、番組のはじめに毎回ドクター・コリーが歌うテーマソングのなかに、「異性愛も同性愛も関係ない、生まれつきなのだから誰を好きになるかに規則なんてない」というフレーズが含まれているのです。

同性愛をテーマにした番組は、ハイティーンの男性同士、女性同士がキスをしている短い動画が流れるところからはじまります。

次に、アジア系の顔立ちの女の子とアフリカ系の顔立ちの女の子を含む4人の16、17歳くらいの生徒たちがスタジオで話し合っている様子が映し出されます。黒人の女の子が、「黒人」という固定観念のもと周囲から偏見をもってみられることへのフラストレーションについて話し、外見によってその人の行動や考え方の傾向を他人が勝手に決めつけることについて議論されます。

その後、18、19歳くらいと思われる3人の男性がスタジオに並んで座り、「誰が同性愛者でしょう?」というクイズショーのようなことをはじめます。まずは、外見から視聴者に投票をさせる（そうしているように見せかける）、次に、それぞれの好きな色を聞いてからまた投票させる、最後にそれぞれの趣味を聞いて投票させる、という形をとります。3人の好きな色が黄色・オレンジ・茶色だと、オレンジが好きだという男性に票が集まり、3人の趣味が料理・ダンス・サッカーとなると、料理が好きだという男性に票が集まります。蓋を開けてみると、オレンジが好きだった男性も料理が好きだった男性も実は同性愛者ではなかった、という結果が知らされます。これはもちろん、同性愛者にまつわる色や趣味の傾向についての固定観念に触れつつ、そうしたことから他人の性的指向性を安易に決めつけるべきでないことに気づかせるために、クイズショーという子どもの関心を引く形式を使っているのです。

次に、同性愛者とその恋人とを招き、いつ頃から自分が同性愛者であると気がつきはじめたのか、その時どんな気持ちだったか、カミングアウトしたのはいつか、その時の両親など周囲の人たちの反応は、といったことについて、ドクター・コリーが軽妙なタッチでインタビューをします。

最後に、公営放送のテレビニュースのアナウンサーにもインタビューします。同性愛者であることを売り物にしてテレビに出ているわけではない、ごく普通のアナウンサーです。番組のなかで、このアナウンサーは自分が同性愛者であることを率直に認め、淡々と「19、20歳頃に自覚した」「両親には自分の気持ちを丁寧に手紙に綴って理解してもらった」「同性愛は、赤毛や肌の色と同じで生まれつきのものなので自分ではどうすることもできない」「同性の恋人ができた後、人から罵倒されることもあったので、時には面の皮が厚くないといけないこともある」といったことを話します。

「愛よ、永遠に」特別版（12－15歳）

前章で、中高生用の性教育教材の一つとして紹介した「愛よ、永遠に（Lange Leve de Liefde）」には、もともとの6回の授業に加えて、性の多様性をとくにテーマとして取り上げた3部構成の特別版が用意されています〔図４－１〕。第3部は授業マニュアルですが、第1部では、授業に入る前の準備として、性的マイノリティの定義や統計、アイデンティティやカミングアウト、周囲や生徒たちの反応の傾

〔図4-1〕「愛よ、永遠に」特別版（表紙）

向などがまとめられており、第2部では、性の多様性を子どもたちに教えるにあたって教員が留意すべき点やヒントになること、また生徒自身が利用可能な信頼できるウェブサイトを紹介しています。

性的マイノリティに関する統計を示した第1部でとくに目を引くのは、ＬＧＢＴの生徒がほかの生徒に比べて２・５倍もいじめの対象になる確率が高いこと、そのためにこうした子どもたちが学校で不安な気持ちで過ごしており、それが彼らの健全な発達の阻害要因になっている、という記述です。

ここにはさらにいろいろな統計結果が示されていますが、そのなかでも下記にあげたものは、ＬＧＢＴの存在とその権利を考えるうえで大変説得力があります［★2］。

●２０１１年に行われた15－70歳を対象とした調査の結果によると、男性の４％、女性の１％が同性にのみ恋愛感情を抱くと答えており、男性の５％、女性の10％が、男性と女性の両方に恋愛感情を抱くと答えた。

●２０１２年に行われた25歳未満の若年層を対象とした大規模性意識調査の結果によると、男子の２・７％、女子の１・５％が「同性のみ、または主として同性に恋愛感情を抱く」と答え、男子の０・３％、女子の０・９％が「両性に恋愛感情を抱く」と答えた。また、「主として異性に恋愛感情を抱く」と答えている回答者のなかでも、男子の１・７％、女子の４・８％が、「同性にも多少の恋愛感情を抱くことがある」と答えた。

●自分が同性愛者であることに気づくのは、女子で平均13・５歳、男子で平均12・６歳。

●トランスジェンダーに関しては、男性として生まれてきた人のうち約６％が少しないし完全に女性としての感情をもち、女性として生まれてきた人のうち約４％が少しないし完全に男性としての感情をもっている。そのうちきわめて低い比率の人（男性として生まれてきたトランスジェンダーの人のうち０・６％と女性として生まれてきたトランスジェンダーの人のうち０・25％）が自分の身体に満足しておらず、性転換治療を必要と感じている。

●毎年約２００人から２５０人のトランスジェンダーの子どもたちが、アムステルダム自由大学の医学部とライデン大学医学部のジェンダーチームから診断と治療を受けている。

●ＬＧＢＴの子どもたちのほぼ5分の1が、自分がＬＧＢＴであることを受け入れるのを困難だと感じている。そのうちの約半数が一度は自殺について考えたことがあり、10％に自殺未遂の経験がある。同性愛者・両性愛者で自殺未遂の経験がある比率は、同年齢の異性愛者の４・５倍に上る。

● トランスジェンダーの人のうち、16－24歳の若年層では21％に自殺未遂の経験があり、この数値は一般人口の自殺未遂率の10倍にあたる。
● LGBTの子どもたちの自殺願望や自殺未遂の要因として、彼らの性的指向性に対する学校でのネガティブな反応が最も大きく、親による拒否がその次に大きい。

中高生年代は思春期・反抗期にあたり、ピアグループ（同級生など学校での仲良しグループ）内の同調圧力が大きくかかってくる時期でもあります。こうした統計をみると、そうした時期に、マイノリティの性意識をもっている子どもたちの存在を受容するための授業を、国の施策として行っていくことがいかに大切であるかがわかります。

第5章

障害児にこそ
ニーズに沿った
性教育を

「自立」のための性教育

「性教育は、障害児にこそ必要なものだ」。オランダでの障害児を対象とした性教育のあり方をみれば、多くの人がそう考えるのではないかと思います。

「学校とは何のためにあるのか、学校教育の目的とは」と問われたら、読者のみなさんはどう答えるでしょうか。オランダの学校教育を何年も観察してきて、私は、学校とは「すべての子どもが可能なかぎり自立した市民になる準備をするためにある」と考えるようになりました。障害児の教育も同様に、詰まるところ「自立した市民」になることを目指すものです。

ただ、ここでいう「自立」とは、一般的に日本で考えられているものとは少々異なっているかもしれません。日本では「自立」というと、何でも自分一人でできることだと考えられ、親は小さい子に向かって「そんなこともできないの？　いつまでも自立できなくてダメね」と声をかけたりします。でも本当は、「自立」とは、自分に何ができ、何ができないかがわかっていることであり、できないことについては、自分から進んで「助けて」と誰かに言えることなのです。すべてのことが完璧にできる人間など、世の中には一人もいません。自分ができないことは他者に頼み、自分だけでは実現できない、より大きな成果に向けてお互いに協力して働き生きるスキルをもっていること、それが「自立」です。

民主的な社会を支える「市民」とは、誰からも強制されることなく、自分自身の選択や判断のうえで行動し、同様に他者を尊重して、ともに社会を築く活動に積極的に参加する人のことです。オランダの障害児教育は、その意味でまさに、障害をもつ人もまた「自立」的に生き、「市民」として社会参加できる人間になることを目指しています。他方、できるだけ多くの障害児が普通校で学び、学校をインクルーシブな場にすることで、将来子どもたちが社会に出た時に、そこがインクルーシブな場となっていくことが目指されます。

障害児や障害のある人に対して、「○○ができなくてかわいそう」「足りないから世話をしてあげる」という見方をするのではなく、障害も含めてその人の個性の一部としてとらえ、相手の自尊感情や人間としての尊厳を尊重することが、一般の人にも求められます。もっといえば、本当は「一般の人」などという存在はなく、すべての人は一人ひとりユニークで、障害もまたその人に固有の属性の一つであるということを、すべての人が受け入れること。それがインクルージョンの考え方です。

だから、性教育において通常目指されている①すべての子どもが自分らしく自由意志に基づいて正しい性行動を選択できるようになること、②教育の内容は一人ひとりの性的発達に沿ったものであることの二つは、障害児の性教育についてもまったく同じように当てはまることなのです。

障害によって異なるニーズ

そういった意味で、障害児に対する性教育の最も大きな目的は、障害をもつ子どもたちの性の権利を保障することです。そして、学力指導と同様、性教育においても、障害のために子どもたちが背負っているハンディキャップを補うべく、障害の種類によって異なる特別のニーズ（その人が必要としているもの）に合わせた性的発達支援を行うことが大切です。

保護者への性教育説明会マニュアルの最初に掲載されている次の保護者の言葉は、このことをよく表していると思います。

「私は、娘がセックスは気持ちのいいものであることを知り、自分のしていることが何を意味しているのか理解できるようになってもらいたいのです。ほかの人のこと、そして、自分自身のことをよく考えて、自分が望まないことはしないと言えるようになってほしいのです」

ルトガース研究所は、障害児（0－18歳）の保護者向けに、健常児の性的発達指標だけでなく、障害の種類ごとにそれによって生じる特別のニーズをまとめたパンフレット［★1］を用意しています。そのなかで、障害児の性教育の目的としてあげられているのは次の６項目です。

①よりしっかりとした自尊感情をもてるようになること
②恋愛関係において、自分の好き嫌いをよりはっきり言えるようになること
③恋人とデートをしたりセックスをしたりする時期が本当に熟しているかということが、よりよくわかるようになること
④安全なセックスができるようになること
⑤セックスを楽しめるようになること（安心を感じられること）
⑥お互いへの尊重に満ちた平等な関係を相手ともてるようになること

もちろん、障害の種類によっては、本人が欲していても、子どもを生み自立して生活することが現実に困難または不可能なケースもあります。障害者が親や親族に頼らずに生きていけるように、社会全体として、世界でも最も進んだ部類の福祉制度を整えているオランダといえども、障害の性質上、それはありえます。

保護者向けのパンフレットや説明会では、そのような事態を考慮して、より現実的な助言をしています。たとえば、次のような記述です［★2］。

障害のある子どもたちも、恋愛やセクシュアリティや将来のことについて

は好奇心をもっているし、質問したいこともあります。あなたのお子さんは、自分で子どもをもつことはできないかもしれないし、子どもを育てられる状態にはないかもしれません。あるいは、あなたのお子さんが、将来、何らかの恋愛関係をもてるようになるのかどうか不安に思う方もいらっしゃるでしょう。あなたは、自分の子どもと、将来について、また難しいテーマについて、避けて通るのではなく一緒に現実的に話をすることで、お子さんの成長を支えることができます。

ここでいわれているのは、「障害があるから、この子は普通の子にできることができない」という否定的な視点ではなく、「障害があっても、この子が自尊感情をもって自分らしく生きていけるために、周囲の者には何ができるか」という視点に立つということです。

そのために、障害の種類によってニーズを特定し、そのニーズに合わせて、どうすればその子の性的自立を助けられるかを考えることが、オランダの障害児を対象とした性教育の出発点になっています。

では、障害の種類によって異なるニーズとはどのようなものでしょうか。このパンフレットでまとめられているのは、以下のようなものです。

視覚障害児の特別ニーズ

- 他者の行動や態度が見えないので、模倣ができない
- インターネット・テレビ・新聞・チラシなど、視覚を通した情報が得られない
- 目配せでほかの人の注意を引くことができないので、恋愛経験が遅れがち
- 自分のからだや外見を他者のそれと見比べることができないので、自分のからだに自信がもてない

聴覚障害児の特別ニーズ

- 自然に耳から入ってくる情報がかぎられており、しかも、自分が受け取れていない情報が何かもわからない
- コミュニケーションのために普段から他者のからだに触れることが多く、障害のためにやむをえず起きている接触なのか、親密な関係からくる接触なのかの区別がつきにくい
- メディア上のセックスイメージを映像として受け止めることはできても、言葉が聞こえないために意味がわからず、普通のセックスとメディア上の誇張されたセックスとの違いが理解しにくい
- 一般の人が使う日常会話にはセックスについての婉曲な表現が多いが、それを手話

で直訳しても意味がわからない

身体障害児の特別ニーズ

- 義足などの補装具や車椅子などの補助器具が身体接触の障害になる場合がある
- お医者さんごっこなどができず、遊びを通してからだについて学べない
- 身体衛生上、他人が自分のからだに触ることに慣れており、からだのどこがプライベートな部分であるのかがわからないことがある
- 障害の種類によっては、思春期が遅れたり、長く続くことがある
- 恋愛やセクシュアリティについて、健常児の場合とは異なる、障害からくる特殊な問いをもっている
- 自分は恋人をもてないのではないかとの絶望感に陥りやすい

知的障害児の特別ニーズ

- 身体上の性的発達は健常児と同じであるにもかかわらず、社会性や情緒面での発達の遅れのためにギャップが生じる
- 何はしてもよく、何はいけないかということについての理解が遅れやすい
- 自分の(性)行動の帰結として、どんな問題が生じる可能性があるかを予測できない

- 性について必要な、明快で反復的な教育を親が行うのは困難である場合が多い

自閉症・アスペルガー症候群の子どもの特別ニーズ

- 他者とのかかわり方や情緒のコントロールの仕方がわからないため、してよいこととしてはいけないことについて、一般社会で「不文律」として了解されていることが理解できない
- フラストレーション・不安・怒りが生じやすく、誤解をしてしまったり、してはいけない行動をしてしまうことが多い
- 友だちがいないため、模倣する対象（ロールモデル）を見つけにくい
- 過剰なマスターベーションをする可能性が大きい

障害児のための豊富で多様な教材群

このように、障害児のための性教育の目的と特別ニーズを特定すれば、どんな教材を開発しどんな教え方をするとよいのかが、おのずと明らかになってきます。

オランダには、日本のような画一一斉授業のスタイルで、すべての学びを教科書だけに基づいて行うといった制度・習慣はありません。すべての学校が、国から受けと

る公教育費で教材を購入することができるため、生徒の特性やニーズに合わせて、さまざまな組織・団体が創意工夫によって開発した豊富な教材を採用できます。そうしたさまざまな教材のなかから、ルトガース研究所は、障害の種類ごとに、信頼できる（副）教材を集めてウェブサイト上で推薦しています。

視覚障害者や知的障害者のためには、男女のからだの特徴が小学生でも触ってわかるような人形が用意されています。障害者にとっては、こうした触覚を通して学べる３Ｄ教材がとても重要です。edusexというウェブサイトでは、ワギナ、胸、ペニスの、実物大で感触も本物に近い模型を購入できます。

また、聴覚障害者、とくに思春期以降の生徒向けの教材として、性にまつわる45の手話語彙を取り上げた動画がウェブサイトに用意され、くわしい意味の説明も見ることができるようになっています。また、「セックスワードブック」（Sekswoordenboek in Nederlandse Gebarentaal (NGT)）もあります。こちらは、もともと聴覚障害児教育にかかわっていた先生たちが共同研究をしてつくったもので、ワードブック（＝辞書）とは言いますが、実際には、ブック（本）の形式ではなく、「触る」「人の気を引く」「妊娠中絶」「割礼」「出産」「コンドーム」「マスターベーション」「オーガズム」「ポルノ」「覗き見」「ストーカー」「セックス」など、恋愛やセックスにまつわる88の語について、写真やイラスト入りの説明が１ページずつにまとめられたものです。ウェブサイトからダウンロードして教室で使うことができます（https://www.seksuelevorming.nl/onderwijssoort/voortgezet-speciaal-onderwijs/tips-voor-lesgeven/auditieve-en-communicatieve）。

身体障害児の場合に何よりも重要なのは、自身の身体イメージや自己イメージについてポジティブになれるための配慮です。ルトガース研究所は、２０１２年に、身体障害や慢性病をもつ青少年、とくに思春期以降の子どもたちを対象に、『君は完全にセクシーだよ（You are Totally Sexy）』というミニ月刊誌の刊行をはじめています〔図４-２〕。毎号、セクソロジスト（性の研究者）によるアドバイスや、同じ種類の障害をもつ子どもたちの意見や経験談などを掲載し、それぞれの障害をもつ子が他者と交流する機会を提供し、孤独感や絶望感に陥ることがないように自信をもたせ、自己肯定感を高めるための支援をしています。また、ドクター・コリー・ショーでも、身体障害をもつテレビアナウンサーを登場させて、性や恋愛についてのインタビューをしています。

〔図4-2〕You are Totally Sexy（表紙の例）

知的障害児向けには、豊富に存在して

いる健常児向けの就学前教育・幼児教育のためのメソッド・教材・ゲーム・歌などの言葉遣いを変えて、より年長の知的障害児の教育に利用することができます。

思春期以降の比較的軽度の知的障害児には、「愛とからだと生きるということ（Lief, Lijf & Leven)」という性教育教材がつくられています。これは、5枚のDVDと指導者用マニュアルから構成されており、理解力が健常児に比べて遅れている障害児に対して、実際の性的行動を具体的に理解するための動画を指導に取り入れられるようにしたものです。

自閉症やアスペルガー症候群の子どもたちにも、具体的なものを見せたり、明確な言葉遣いをすることが必要です。とくに、プライバシーやからだの接触についてのルールを、幼児期から親子で話し、学校と家庭で同じ言葉を使ってコミュニケーションすることで、性に関する知識を反復的に学べるようにしておくことが求められます。こちらも、専用の指導書がつくられ紹介されています。

ソーシャルメディアの功罪と学校での人間関係

どの種類の障害児についてもいえることですが、ソーシャルメディアには、性教育において、利点と問題点の両方があります。

一般に、障害をもっている子どもたちは、障害のため、あるいは障害による外見のために、放課後ほかの子どもと交流する機会がかぎられています。とくに、思春期以降、親からの自立を求める時期には、社会交流が少ないために孤立してしまう傾向が強まります。ソーシャルメディアによる交流は、それを補う意味で大きな利点があります。

しかし、健常児の場合と同様、ソーシャルメディアには、「ラバーボーイ」や小児性愛者らからのアクセスの危険もあります。障害をもつ子どもは孤立する傾向が強いだけに、こうした性犯罪の犠牲になる危険性はより大きいともいえます。

このような観点から、オランダでは、昼休みやホームルーム、放課後といった授業以外の時間帯に、同じ障害をもつ生徒同士が一対一または小グループになるなどして、プライベートな話題も含めて気軽に話をする時間を設けています。信頼し合える対面的な人間関係のネットワークを築く時間を確保することが、障害児への性教育の観点から重視されているからです。

第6章

性教育での教員の心得

恥ずかしがらずに、安心して発言できる場づくり

性教育の授業は、さまざまな点で、国語や算数などの知識伝達型、あるいはスキル育成型の授業とは異なっています。そのため教員には、そうした科目を教える場合とは違った準備やこころがまえが必要になります。

それは、性教育の目的とするところが、人と人との健全な関係、つまり、生徒同士、あるいは教員と生徒がお互いを意識的に尊重し合えるようになることであるからにほかなりません。

性教育を、国語や算数のように単に教科書を使って行うだけであれば、それは、単に性についての知識を伝えるだけに終わり、タテマエとしての道徳的な性行動を教える、あるいは性行動を禁止することにとどまってしまうでしょう。子どもたちが現実にからだやこころで感じている欲望や衝動、また恋愛感情にどう折り合いをつけていくのかを学ばせることなく、上滑りの授業に終わってしまいます。子どもたちは、こころのなかで本音で心配していることに対して、何ら信頼できる現実的な回答を得ることがないままになってしまうでしょう。

オランダで性教育を担当している教員や出前授業の専門派遣指導員などは、そうした型通りで意味のない性教育に陥ることのないように、さまざまな教員心得を学んで

います。また、ルトガース研究所が開発している性教育教材に付録として添付されている授業マニュアルには、授業で取り扱うテーマに沿って適切なヒントが書かれており、教員が無意識のうちに陥りやすい落とし穴に足を取られることがないよう配慮しています。

性教育授業について説明してくれた、ある小学校の20代の女性の先生は、教員の心得として、①子どもたちと円座になって話しやすい雰囲気をつくること、②クスクス笑ったり、誰かの発言をバカにしたり笑い飛ばしたりしないというルールを生徒と約束して授業をはじめること、③子どもたちが教師自身の意見や経験を問うてくる時には、できるだけ真摯な態度で答えるが、プライバシーにかかわる答えたくない問いに対しては、「それは答えられない」というはっきりとした態度をとること、という三つをあげてくれました。

中高生に出前授業をしている派遣指導員の女性も、①円座になってお互いに目を合わせて話をすること、②相手の発言を笑い飛ばさないこと、③その授業で話されたことは、「誰が何をどう言った」という形では絶対に外部で話題にしないことを約束すると言っています。

そうはいっても、思春期前後の子どもたちを相手にセックスについて話をするのは、教員にとっても楽ではないですし、苦手だと感じることは多いはずです。

そこで、「愛よ、永遠に」の教員マニュアルでは、この点についてこう助言しています[★1]。

- セックスについて話すのは多くの人にとって恥ずかしく難しいものであるということを、はじめに生徒たちと話し合っておく。
- 授業の前に教員マニュアルを読み、性教育の意義や意味を理解しておけば、やりにくいという気持ちを乗り越えられる。
- セクシュアリティと関係があると思われるテーマを、生徒たちに思いつくかぎりあげさせる。それを教員または生徒の一人がボードに筆記する。はじめにこのようにしておくと、このテーマを取り扱う際の恥ずかしい気持ちを生徒たちと一緒に乗り越えることができる。

アクティブで本音の学び

性教育は、単に知識を伝達し、それを覚えさせることでその目的を達せられるものではありません。子どもたち自身が、能動的な活動を通して経験的に学びとることが重要なものです。もちろん、性交渉を経験せよというわけではありません。性教育は、人と人との関係性について学ぶものなので、クラスメイトとの関係、意見交換、家庭での経験などをさまざまに生かすことができます。

輪になってドクター・コリー・ショーや Let's Talk などの動画を見て話し合う、ボードゲームで遊びながら学ぶという形式はすでに紹介しましたが、とくに幼児や小学校中学年くらいまでの子どもの場合は、工作する、絵を書く、詩をつくる、手紙を書くなどのクリエイティブな作業を取り入れた、さまざまな形式が用いられます。ロールプレイやジェスチャーなどからだを使った表現をしたり、ペアや小グループになってインタビューや意見交換をしたりする場合もあります。

いわゆるアクティブ・ラーニングといえるものですが、こうした形式を通して、教科書や教師から受け身に、しばしば「タテマエの」性道徳を学ぶのとは異なり、自分の身に降りかかるホンモノの場面を想定しながら考え行動する力がついていきます。

教員は、こうした形式を別の授業と組み合わせたり、ほかの先生と協働したりして準備しています。

すべての子どもの自尊感情を尊重する

性の問題が人間関係に関することであれば、また、性教育が人と人とが尊重し合う関係を学ぶものであれば、まず何よりも大切なのは、教員が、どの子どもにも、自尊感情が傷つくことのないように気をつけて接することです。性教育の授業で教師やクラスメイトから自尊感情を傷つけられたのでは、健全な人間関係を基盤とした性行動を実践する土台そのものが崩れてしまいます。このことは、授業マニュアルのなかでも、教員の心得として繰り返し注意されていることです。

小学校の先生や出前授業の派遣指導員があげた「相手の言葉を笑い飛ばさない」というルールは、その最も基本にあたるものです。そのほかにも、たとえば、「友だち」をテーマとした4－5歳児の授業では、子ども同士がお互いのよい点を言い合うというアクティビティがありますが、その際教員が「どの子どももほかの子から見過ごされてしまうことのないように、誰かからポジティブな言葉がけを受けるようにすること」「どの子も仲間はずれにしないこと」「仲間はずれの傾向にある子がいたら、教員として特別の配慮をすること」「まだ学校に来て間もないために友だちがいない子や、寂しさ・孤独感を抱いている子がいる場合には、友だちをもつことの意義を強調しすぎないこと」などが必要な配慮として書かれています［★2］。また、「自分」をテーマとした8－9歳児の授業で、自分が誇りにしていることや得意なことを一人ひとりに言わせるアクティビティでは、「そういうことを自分で言うのが苦手な子がいる時には、教員またはほかの生徒たちの側からポジティブなフィードバックを与えること」とされています［★3］。もちろん、こうした他者からの褒め言葉を、子どもたちが単なる「お世辞」ではなく本音のものとして受け入れることができるかどうかは、そうした場面での教員の態度にかかっています。

授業のなかでは、ロールプレイやジェスチャー、立って意見を言うなどいろいろな課題が出されますが、そういうことが苦手だったり考えがまとまっていない子どもに課題を強制しないことも注意されています［★4］。強制的な教員の行動が一つひとつ積み重なっていくうちに、子どもの自尊感情を傷つけ、安心して本音で教員やクラスメイトとかかわることができなくなってしまうことはよくあるので、気をつけなければなりません。

みんなの前で意見を言うことが苦手な子のなかには、性の問題で何か悩みを抱えていたり、不安だったり、質問があったりする場合もあるでしょう。そのためには、匿名で手紙を書いて投函できる「質問箱」を設け、質問者が誰であるかを公表することなく、毎回の授業で教員がその質問に答えたり、生徒たちの意見を集めたりする形式が勧められています［★5］。

もちろん、子どもたちは、自分が教員から大切にされるだけではなく、お互いに尊重する気持ちをもってかかわり合うことを学ばなければなりません。とくに、年齢が進み思春期以降になると、ピアグループ内の集団圧力は、子どもの自尊心の形成、あるいは破壊にますます大きな影響力をもつようになります。8－9歳児向けの授業マニュアルには、教員への次のような助言があります［★6］。

誰でも自分自身の意見をもつ権利があり、それを言う権利があることを、子どもたちに対して強調しましょう。お互いの意見に耳をすませ、意見を尊重し合うことが大事なのです。あるテーマについていくつもの意見があることと、また、人は必ずしもほかの人の意見に賛成ではないということを生徒たちに理解させましょう。

これは、Let's Talk のなかの、指導者のための留意点の一つにも通じます。そこには、「（指導者が）ファシリテーターとしての役割を演じること。Let's Talk の授業の中心は子どもたちである。ここにあげられているテーマについて、子どもたち自身が意見を交換し合い、議論することが重要になる。そうすることで、子どもたちは、同じ年齢集団のなかにも異なる意見があることを意識できるようになるのであって、指導者がどんな意見をもっているかは、その意味ではあまり重要ではない」と書かれています［★7］。

ＬＧＢＴについての態度

〈性の多様性〉を取り扱うにあたって、教員がＬＧＢＴに対してどういう態度をとるべきかについては、「愛よ、永遠に」の授業マニュアルに、次のような周到なアドバイスが示されています［★8］。

- 「彼と彼女」という言葉が出てきたら、それは「彼と彼」「彼女と彼女」の場合もあることを考えるようにする。
- 同性愛は自然なものであることを授業で取り扱う。何か例示する時、異性愛の例だけを取り上げない。異性愛だけを取り上げると、生徒たちは「それが普通だ」と考えるようになる。「恋をしている」とか「安全な性交渉」などのテーマを扱う際にもこのことを考慮し、同性愛の生徒の気持ちを配慮してどういう取り扱いがよいかを考える。
- 「ホモ」という言葉を頻繁に使用しない。「ホモ」という言葉を頻繁に使うと、そこに何かネガティブな意味合いを付加することになりかねない。その代わりに「女の子が好きになる女の子」とか「男の子が好きになる男の子」という言い方をするとよい。

●生徒が同性愛者に対するネガティブな意見を言った時には、すぐに反応し、教員として、そういうネガティブな反応は受け入れられない、ということをはっきりと述べる。
●同性愛は普通のことであるということを強調し、同性愛者へのネガティブな反応を避けるようにする。たとえば、男の子の6％が同性愛者であると説明する。つまり、どの学年にも何人か同性愛者の生徒がいるということになる。
●もし生徒が同性愛に対するネガティブな意見を言ったら、あなたはすぐさまそれに反応してそういう意見を拒否することを、事前に生徒たちに告げておく。同性愛者へのネガティブな意見や罵倒するような言葉遣いは、「普通のこと」ではないことを生徒たちに言っておく。このような意見や態度がもつインパクトに対して、生徒たちを意識的にさせる。

とくに最後の点は重要です。第4章で「愛よ、永遠に」の特別版に掲載されている統計を紹介しましたが、現実に、多くの同性愛の子、とくに男子生徒がいじめに遭い、そのために孤独感や自殺願望を抱いたり自己肯定感がもてなくなったりしているということがわかっています。この点については、教材や教員指導においてもとくに配慮されており、小学校高学年の段階から、教員だけではなく生徒に対しても、誰かが誰かを「ホモ」という言葉で罵倒している時には注意するなど、お互いの行為や態度を修正することで、クラスや学校の環境を改善することを促しています。

他方、オランダにいる一部の人々、たとえば原理主義的なキリスト教信者・イスラム教信者などのなかには、今でも同性愛を「異常」「病気」「罪深いもの」と考える人々がいます。次のような、小学校高学年向けの授業マニュアルに書かれている教員へのヒントが、それに対して明快なアドバイスをしています［★9］。

> ある種の文化や宗教では、同性愛が認められていない。一部の子どもたちは、家庭で、男の子が男の子に恋をしたり、女の子が女の子に恋をしたりすることは異常であり罪深いことであるという考えを学んでいることがある。しかし、オランダでは、同性愛は受け入れられている。大切なのは、そうした子どもたちがこの考え方に同意する必要はないが、他者の意見は尊重しなければいけないことを明らかにすること。また、このこととは別に、同性愛者を尊重しない言葉がけは、まったく許されない行為である。

こうした注意書きは、前にも触れましたが、教員自身がみずからの文化的ないしは宗教的背景のために無意識のうちに内面に植えつけてきた偏見を正し、ＬＧＢＴの権利を保障するオランダ憲法に準じて教育者として模範を示すためのものです。

教員と生徒のプライバシーを守る

以上からも、性教育の授業では、教室にいる生徒たちと教員とが、尊重の態度をもってかかわり合うことがきわめて大切であることがわかります。それは、お互いの自尊心を傷つけないためであり、また、一人で不安に感じていることやよくわからないことを率直に聞ける環境をつくるためでもあります。さらにまた、話し合いを通して双方の価値観を学び、そこから改めて自分自身のものの見方を振り返るためです。円座になり、教員と生徒が平等な関係になることで、お互いの目や表情を見ながら話す環境ができることは前にも述べたとおりです。

しかし他方、社会性やプライバシーについて、生徒たちは、自分がどこに線を引くべきかを学んでいる途中です。気さくで率直な関係は、時として、生徒たちに度を超えた発言や教員への質問を許してしまうこともあるかもしれません。とりわけ思春期以後の子どもたちは、わざと教員に挑発的な質問を投げかけてこないともかぎりません。この点についても、「愛よ、永遠に」のマニュアルに教員の心得がいくつかあげられています［★10］。

- 教員として、自分自身の境界線と、生徒たち同士の間の境界線を守ること。ある生徒がいきすぎた態度や言動をとった時には、それにすぐに反応してやめさせること。
- 教員自身の性生活について聞いてくる生徒の問いに答える必要はない。生徒たちは、もともとそういうことを聞きたいのではない。教員であるあなたの性生活について生徒が質問をする場合は、ほとんどが挑発か、からかいの気持ちからである。
- 授業のはじめに、答えることのできる質問とできない質問について、生徒たちと約束をしておく。このようにしておけば、生徒がいきすぎた個人的な質問をした時にも、はじめにどんな約束をしていたか、と生徒たちに思い出させることができる。
- 授業をはじめる前に、子どもが聞いてきそうな質問を予測し、どう答えるか考えておく。どんな質問には答えられ、どんな質問には答えられないかを事前に考えておくこと。
- 生徒が何か嫌なコメントをしたり、ほかの生徒にその子が嫌がる質問をした時には、すぐにやめさせる。その生徒に、そういう問いがもつ影響を意識させる。そういう生徒に対しては、「なぜそんなことを聞くの？」「もしあなたが同じことを聞かれたらどう思う？」というふうに聞くことができる。
- クラスで、あまりにも多く自分の経験談などを話す生徒に対しては、ブレーキをかけ、この生徒と、個人的な情報をほかの人に安易に知らせることによって生じる危険性について話しておく。
- 生徒たちがクラスメイト全員とシェアする話については、真面目な態度でかかわることを生徒全員と約束しておく。
- 生徒に対して、答えたくない質問には答えなくてもよいこと、また「パス」と言ってよいことを伝える。

性について言葉に出して話し合えることは大切です。それは、異なる価値観をもつ者同士の関係づくりを学ぶうえで、避けられないことです。しかし、そのことと、プライバシーにかかわる自分自身の性生活を公表することとは違います。教員も生徒もともにそれを心得たうえで、性について話し合うのが大切だということなのでしょう。

第7章

性にオープンな社会への道

タブーを打ち破ってきた人々

クローズドな社会からオープンな社会へ

本書をここまで読み進めてこられた読者の方は、おそらく、オランダ人の性意識や、性教育の先進性に驚いておられるでしょう。「こんなに進んだ性教育は、西洋の人が性に対してオープンだからできることで、日本人にはとうてい無理だ」と思っておられる方も少なくないかもしれません。

しかし実際には、オランダは、１９６０年代のはじめ頃まで、ヨーロッパのなかでも「キリスト教倫理による道徳意識が厳格」「保守的」「古臭い」というイメージの国だったのです。性についてもタブーが多く、避妊も同性愛者の権利もとてもオープンに口にすることのできない、クローズドな社会でした。このクローズドな社会が、１９６０年代に一気にオープンな社会へと転換したのです。

それがいったいどのような経緯を経て実現したのかという問いに対しては、アムステルダム自由大学の歴史学教授ジェームス・C・ケネディによる博士論文「新しいバビロニアの建設―１９６０年代のオランダにおける文化変動」という代表的な研究があります［★1］。彼はそのなかで、１９５０年代と１９７０年代のオランダ社会について次のように記述しています。

　１９５０年代末まで、外国の観察者たちはオランダを、前時代の伝統や因習に浸りきった、珍奇で「古風な」社会とみなしていた。アメリカ人のロナルド・イングルハートは１９６０年代初頭のライデンでの日々を思い出しながら、オランダが合衆国に比べて「相当程度にずっと伝統的」だったと言っている。（中略）１９５０年代まで、オランダは、比較的貧しい国のままだった。１９６０年代半ばまで、ストライキは稀で、女性たちが家の外で働くことはほとんどなく、賃金も比較的低かった。キリスト教会への高い参加率や高い出生率は、主としてパワフルなカトリックやプロテスタントのサブカルチャーに支えられ、オランダを、北部ヨーロッパのなかでも、統計的に異常な存在にしていた。（中略）１９７０年代のはじめまでには、オランダを、こうした牧歌的な言葉で表現する人はほとんどいなくなった。プロヴォたちや反抗的なカトリック教徒たちに代表される10年間を経たのち、オランダは、寛容と進歩主義を代表する国になっていた。ソフトドラッグ、同性愛、オレンジ王室、そして法と秩序に対するオランダ人たちの見解が、外国の記者たちの圧倒的注目を浴びるようになった。（中略）１９７５年、オランダの歴史家Ｈ・Ｗ・フォンデルドゥンクは「オランダは、この10年間に、西側世界において最も反伝統的な国になった」と言い、イギリスのあるジャーナリストは、すでに1967年にこのことをもっと単刀直入に「オランダ人は退屈であることをやめた」と言っている。

実際、常に自分の周りの空気を察知して行動しなければならないという「集団の同調圧力」の強い国である日本からみて、今日のオランダの先進性にため息をつく私に、「いやいや、オランダも、昔は同調圧力の強い国だったんだよ。今でもそうかもしれない」と言うオランダ人は少なくありません。1960年代のはじめ頃まで、同調的なオランダの社会を息が詰まりそうに感じて外国に出ていく若者も多かったといいます。

オランダ人である私の夫の両親は、1920年代前半の生まれで、プロテスタントのキリスト教会が二つある村で育ちました。そこは、村人たちがこの二つの教会のために分裂していて、肉屋もパン屋も、自分と同じ教会の信者の店でなければ行けないような村だったと言います。また、現在60代後半の夫の従兄は、恋愛相手がカトリック教徒だったので、自由主義的な家庭で育ってきたこの従兄との結婚を両親が絶対に許さなかったそうです。

こうした「古臭い」オランダ人を象徴するエピソードに、次のようなものがあります。これは、先に引用したケネディ教授が論文であげているものですが、中年以上のオランダ人なら、今でもたいていの人が苦笑しながら思い出すスタップホルストという村での事件です。

それは、夫を亡くした中年の女性が、ほかの男性と恋に落ちて関係をもったことに対して、村人たちが、二人を家から引きずり出し、堆肥の積まれた荷車に乗せて罵声を浴びせながら村中を引きずり回したという事件でした。１９６１年11月10日のことです。この事件は、実は、国内でもあまりの「古臭さ」のため、メディア上で話題となり議論が起きました。そして、隣国ドイツやアメリカの人々が「オランダは遅れた古臭い国」だというイメージをもっていることに、オランダの人々は強い恥ずかしさを感じたといいます[★2]。

１９６１年にはこんな事件が起きたほどのオランダが、70年代のはじめには、すっかり「反伝統的」な国になっていたとはどういうことなのでしょうか？　タブー意識の強いクローズドな社会を、ソフトドラッグや同性愛や安楽死についてオープンに語り合える社会に変えたものは、何だったのでしょうか？

プロヴォ、カトリック教徒の変化

先のケネディ教授の引用文には、この変化の10年である60年代を象徴するものとして、「プロヴォたちや反抗的なカトリック教徒たち」という言葉が出てきます。それについて少し触れておきましょう。

「プロヴォ」とは、「からかう、嘲笑する」という意味のprovocate(蘭:provoceren)という語に由来します。アムステルダムの哲学科に学ぶルール・ヴァンデインら数人の学生が、1965年、暴力を使わずに、権威を笑い飛ばそうとした運動をはじめました。それは、権威の名の下にある多くの意味のないタテマエやタブーを突き破ろうとした若者たちの運動だったといえます。

プロヴォたちが行ったのは、たとえば、自動車の排気ガス公害に抗議するために、アムステルダムの街中に置き去りにされていた自転車を集めて白いペンキで塗り、道路の真ん中に置いて車道をふさぐといったことです。あるいは、当時西側諸国で頻発していた学生たちによるストライキを真似ているように見せかけながら、わざと何も書いていない白いシーツを横断幕のようにして持って街中を歩き、取り締まりにきた警察官に「どうして取り締まるの? 何も書いていないのに」と言ってみせるといった、少しユーモアのある体制批判を繰り返しました。

こうしたユーモアに満ちた、しかも、権威や体制のタテマエ主義の本質を突いた抗議のやり方は、思いつめた表情の深刻な抗議とは違い、人々に、ふふっと笑いながら「たしかにそうだね」と思わせる効果があったらしいのです。

他方、１９６０年代に一気に普及したテレビは、今とは違いまだ放送局の数も少なく、当然インターネットもなかった時代ですから、当時の社会に強い影響力をもつこととなります。とくに、当時人口の約４割を占めていたというカトリック教徒に大きな影響を与えた出来事が１９６３年に起きています。

それは、この年の3月21日、国民のほとんどが視聴していた夜８時のニュースの直後に放映された時事討論番組「ブランドプント（焦点）」のなかでなされたカトリック司教ベッカーズの発言でした。彼は、「夫婦の愛と責任」と題したスピーチのなかで、家族計画（子どもを何人もつか）は、夫婦がみずからの責任で決めるものであり、他人がとやかく介入するものではない、と発言したのです。

これは、カトリック教会の司教の言葉としては、相当に衝撃的なものでした。なぜなら、ローマ法王を頂点とするカトリック教会は、妊娠は神の意志であり、それを人工的に操作する、すなわち避妊具や避妊薬を用いることには、今でも大変批判的だからです。しかし、ベッカーズ司教は、自分が日頃から巡回訪問しているカトリック信者たちの家庭で、子だくさんのために家計が苦しくなったり、主婦が苦労したりしている例をたくさんみていました。

この番組の放映後、視聴者、とくにカトリックの女性たちから、この発言を歓迎する投書が多数寄せられたと言います。以後、オランダのカトリック教徒たちは、世界のカトリック教徒たちに比べて、ローマ法王に対して時に批判的な発言をすることをためらわない人々として知られるようになっていくのです。

そして、このベッカーズ司教の発言以後、オランダの製薬会社が製造していた避妊ピルを、多くのホームドクターたちが処方するようになったといわれています［★3］。

プロヴォにしても、この「反抗的な」カトリック教徒たちにしても、東西冷戦下での核戦争の危機、高度産業化社会が生んだ環境破壊、世界人口の爆発的増加に対する危惧などがメディア上で話題になっていた当時、権威やタテマエだけでものを言う体制派の人々に抵抗した運動だったといえます。それは、タブーとして議論の対象にされることのない話題を、一般市民の問題として引き出し、誰もが本音で「どうあるべきか」と問いかけることができる社会への第一歩でした。

この時代の若者文化を垣間見せてくれる、友人のこんなエピソードがあります。

オランダにはかつて「セミナリオ」と呼ばれる、カトリック聖職者養成のための寄宿制の中等学校がありました。子だくさんのカトリックの家庭では、あたかも神に捧げるかのように、息子の一人をセミナリオに送り、聖職者にすることで教会に寄与するという伝統があったようです。

１９６３年、オランダ人のこの友人は、12歳で親もとを離れセミナリオに入りました。同じ年に入学した生徒は６００人あまりもいたそうです。けれども、まもなく、タブーを破ろうとするプロヴォたちの旋風がセミナリオの若者たちにも吹いてきます。彼らは、教会のパイプオルガンでロックンロールを弾いてみたり、トランペットで聖歌を奏でたり、みんなでわざと目立つ白いソックスを履くなどして、聖職者である教員たちに抵抗したといいます。そして、生徒たちは、徐々にセミナリオを退学していき、この友人が5年後にセミナリオを退学する時には、入学当初６００人いた生徒は70人程度まで減っていたそうです。

彼自身は、聖職者になるはずだった進路を変更して、小学校の教員を目指しはじめます。しかし、教員養成校の教育にも満足できず、実習中に、新しい教育のあり方を目指して自分なりの授業づくりをはじめ、「そんなことをしていたのでは教員免許は取れないぞ」と講師に脅されながらもなんとか資格を取り、以後、教員として、さらに後には校長として、新しい教育のあり方を求めて授業研究や学校経営に取り組んでいきます。

こうした時代背景のなかで、性教育の分野では、ルトガース研究所とCOCが、急速に人々の支持や関心を集めていきます。この二つの組織はいずれも、市民たちによる自主的な運動を基盤として生まれたものですが、現在では、性病・エイズ予防協会とともに、オランダ人の性意識に影響を与え、性教育のあり方に積極的に提言をするようになっています。以下、この二つの組織の活動とその発展の経過を振り返ってみたいと思います。

ルトガース研究所[★4]——避妊推進団体から国際的シンクタンクに

第3章などでも述べたように、オランダにおける性教育の普及や開発には、ルトガース研究所が非常に重要な役割を果たしています。ルトガース研究所の発端と歴史的な発展をみてみると、オランダにおける女性解放運動（とりわけ医師たちによる家族計画の普及運動と、女性たちによる人工妊娠中絶合法化運動）と歩みをともにしてきたものであることがわかります。

1963年に、ベッカーズ司教がカトリックの信徒たちに家族計画を認めた背景には、19世紀末から続いてきた家族計画運動が頂点に達していたという時代の状況がありました。そのことも、ルトガース研究所の歴史から読み取ることができます。

人口増への危惧、家族計画の推進——ルトガースとヤコブス

この研究所の名称になっているルトガースという名前は、1892年にロッテル

ダムで家族計画のための特別クリニックを開いたホームドクター（総合医）、ヨハネス・ルトガースの名前にちなんでいます。ルトガース医師は、避妊・家族計画推進団体「新マルサス主義連合（Neomalthusiaanse Bond）」の議長を長く務めていた人です。これは、人口学の古典的名作『人口論』（1798年）を書いたマルサスの影響を受け、人口過剰が導く貧困問題を危惧して、1881年に設置された組織です。この新マルサス主義連合には、オランダの女性解放運動の草分けで、オランダ初の女医であったアレッタ・ヤコブスも参加していました。アムステルダムに最初にできた家族計画相談所にはアレッタ・ヤコブスの名が、またロッテルダムに2番目にできた家族計画相談所にはルトガースの名がつけられています。いずれも、避妊による家族計画を推進した進歩主義の医師たちです。

ルトガース医師は、ヨーロッパ随一の港湾都市で働く労働者の街で総合医となり、子だくさんのために貧困にあえぐ労働者の親たちに、避妊による家族計画を勧めました。

女性解放運動の母体に――オランダ性改革協会とルトガース財団

新マルサス主義連合は、第二次世界大戦後の1946年、「オランダ性改革協会（NVSH）」という名称で新しく生まれ変わっています。このオランダ性改革協会は、現在も存在する市民団体ですが、最も活動が活発で会員数が多かったのは1960年代でした。1966年の会員数は、(人口が日本の8分の1にあたる)オランダで20万人以上に上っていました。先に述べたプロヴォらが活躍し、ベッカーズ司教が家族計画を容認する発言をテレビで大々的に行った時代です。

当時、オランダ国内に、60ヵ所以上の避妊・性問題相談所が設置されていたそうです。オランダの国土が日本の約10分の1、九州ほどの面積であることを思うと、この数がいかに多いものであったかがおわかりいただけると思います。

これほど性問題への意識が高まっていた背景には、人工妊娠中絶の合法化を求める声が強くなっていたことがありました。当時、人工妊娠中絶は法律では禁止されており、中絶手術を秘密で実施した医者や不法なクリニックは処罰の対象となっていました。しかし、女性たちは性暴力によって妊娠する可能性もあり、望まない妊娠に対して、中絶する権利を求めたのです。当時この運動にかかわっていた女性たちのプラカードには、「自分のからだの主人に」という標語が書かれているのがみられます。

人工妊娠中絶は、その後1970年代を通じて合法化に向けた国会論議が展開されました。合法化の法案は、80年代のはじめに、両院いずれでも賛成派が僅差で反対派を退けて通過し、1984年から施行されています。その後、各地に妊娠中絶クリニックが設置されました。避妊ピルはホームドクターに処方してもらえ、保険の対象にもなり、モーニングアフターピルもドラッグストアで購入できるようになります。同時に、この大きな目的を達成したためかオランダ性改革協会への関心は小さくなり、会員数も減っていきます。

こうした女性の性に関する権利や解放運動が盛んに展開されていた最中、それまで避妊・家族計画の普及を担ってきた相談所を統合する形で、１９６９年、新たにルトガース財団が設立されました。

このように、ルトガースという名のつく組織は、はじめは家族計画・避妊推進団体として発足したのです。

研究と啓発運動――セクソロジー研究所と世界人口財団の併合

ルトガース財団は、設立以来、２００２年まで長くオランダ政府から補助金を受けていましたが、これが徐々に打ち切られ、自律的な経営を求められることとなります。そうした事情もあってか、１９９９年、オランダ社会セクソロジー研究所（ＮＩＳＳＯ）と併合し、新たにルトガース・ニッソ・グループ（Rutgers-NISSO groep）という名称で、家族計画と性科学研究のシンクタンクとして再出発します。

さらに２０１０年には世界人口財団（ＷＰＦ：World Population Foundation）と併合し、一時期はルトガースＷＰＦ（Rutgers WPF）という名称で呼ばれていました。現在では、複数の団体名を並べた複雑な名称は廃止して、シンプルに「ルトガース研究所」としています。

興味深いのは、WPFという組織が、当時オランダに在住していたエンジニアのロイ・ブラウンというイギリス人とその妻ダイアナとが設立した、市民、それも外国籍のヒューマニスト（人道主義者）による財団だったことです。ブラウン夫妻は、世界各地における高い出生率と急速な人口増加が母親と新生児の死亡率を押し上げ、種々の社会問題や環境破壊につながっていることに危機感を覚えました。そして、世界の貧困を減少させ、世界で最も貧しい人々のQOL（クオリティ・オブ・ライフ）を向上させることを目的とした人口対策プロジェクトを行うこと、そのための資金を集めることを目的としてこの財団を設立したのです。まさに、19世紀末にできた新マルサス主義連合が目指していた、人口の過剰な増加とそれによる貧困の拡大を危惧した運動の流れを汲むものであり、その視点を、オランダ国内だけではなく世界の貧困国に向けて発信する運動をはじめたことにこの団体の意義がありました。

WPFは、設立当初は、ブラウン夫妻がみずからの資金を投じた活動でしたが、1994年にカイロで開かれた国際人口開発会議にオランダ代表として参加し、以後、世界の貧困撲滅を目的に、性的健康と生殖の権利の必要を訴え、国際的にも影響力をもつ団体に成長しています。

ルトガース・ニッソ・グループは、WPFと併合することで、これまでの家族計画や避妊指導、性教育の充実、セクソロジーといった活動の舞台を、オランダだけではなく、諸外国、とくに人口過剰が急速に進む貧困国へと広げていったのです。

性問題シンクタンクとして

こうした歴史的な発展経過を辿り、ルトガース研究所は現在、主として次の3つを主要な活動分野にしています。

①性の健康に関する情報提供を目的とした、教材・メソッド・教員研修の開発
②国内や欧州域内の政策決定者や議員らとの協働、世界規模の非政府団体や非営利市民団体とのネットワークを通じた、進歩的な政策を推進し実施するための啓発活動と資金調達活動
③社会セクソロジー分野における研究活動と、学会誌・専門誌上での成果の報告

ルトガース研究所は国際協力活動も行っており、パキスタン、インドネシア、ウガンダに支所をもつほか、2006年までに9つの開発途上国で、青少年への総合的な性教育、人々の性と生殖の健康・権利の促進、女性の健康ケアへのアクセスの実現、ジェンダー役割意識による暴力を防ぎ男性優位の見方を変えるための啓発活動、人口増加とそれがもたらす貧困について人々が話し合う機会を設けることなどを目指し、

そのためのプログラムやプロジェクトを現地の専門家と共同開発しています。

こうした国際事業のすべては、税収で成り立つオランダ政府の国際協力資金によって賄われています。ルトガース研究所は、開発途上国との共同事業では、オランダ人の性意識や価値観を一方的に押しつけないように注意して教科書などを作成しており、とくに現地の人々の倫理観にかかわるデリケートなテーマでは、現地関係者との協議を重視してニュアンスのあるかかわり方をしていることを公に強調しています。

こうした実績をもとに、ルトガース研究所は、現在、国連の諮問機関としての地位を獲得しており、人口問題や女性問題の委員会に報告書を提出したりスピーチを行うなど国際的な影響力をもつ機関になっています。

ＬＧＢＴ権利擁護団体ＣＯＣ[★5]——ＬＧＢＴ友好団体から国連諮問団体へ

以上で説明したように、ルトガース研究所は主として人口問題と家族計画、女性の性の保護や開放を求めて活動してきた、医師や女性たちの運動から発展した組織です。性教育との関連でいえば、一般的な性と生殖についての情報提供、そしてその保護を目指した社会啓発活動の分野における草分け的な存在であるといえます。

他方、２０１２年以降に中核目標で強調されるようになった〈性の多様性〉教育、すなわちＬＧＢＴの人権保護を目指す教育の普及には、ＣＯＣという団体が大きな役割を果たしてきています。第３章で紹介したＳＬＯの性教育学習ライン（付録）や、ルトガース研究所による授業案で性の多様性に関する部分にはＣＯＣの影響が大きいですし、後述のヘルシースクール・プログラムで重要な役割を担っている保健所にも、最近ではＣＯＣでの活動経験がある人が専門家として加わるケースが出てきているようです。

さまざまな運動と成果

ＣＯＣは１９４６年に設立された同性愛者たちの読書会に端を発し、まさしくＬＧＢＴの市民自身による権利擁護運動として生まれました。当時はまだ「同性愛」ということをオープンに口に出せる雰囲気はなく、１９４０年から刊行されていた『生きる権利（Levensrecht）』という同性愛者向けの同好会誌の読者らが集まって、「シェークスピアクラブ」という、表向きには中身がよくわからない名前をわざわざ使っていました。

シェークスピアクラブは、その後１９４９年にCultuur- en Ontspannings Centrum（文化リラクセーションセンター）、省略してＣＯＣに名称を変更しています。この時もまだ、同性愛とかＬＧＢＴ、性的マイノリティといった用語をいっさい用いていないばかりか、初代の代表者はボブ・アンジェロという仮名を名乗っています。それほどに当時のオランダ社会は、性的マイノリティの人々に対して不寛容な社会であったのです。ＣＯＣは同性愛者の受け皿となり、同性愛者同士の出会いの場としての役割を果たすことから活動をはじめ、徐々に、創設地であるアムステルダムだけではなくロッテルダムやハーグ、ユトレヒトなどの都市に支所を広げていきました。

やがてＣＯＣは、１９６０・７０年代のタブーを打ち破る若者たちの反体制運動の追い風を受け、オープンな運動を展開しはじめます。最初に取り組んだのが、未成年（16－21歳）の同性間性交渉を禁じた刑法２４８条の廃止要求運動でした。当時、異性間では未成年にも性交渉が認められていたので、これは同性愛者と異性愛者との間の平等を求めた運動であったといえます。この法律の廃止は１９７３年に実現しました。ＣＯＣはさらに、同性間の婚姻合法化に取り組みます。その成果が、前に紹介した、２００１年の世界で最初の同性間の婚姻の合法化です。

このほかにも、ＬＧＢＴの権利擁護を目指して、社会に存在する差別意識を払拭するためのさまざまな運動を展開しています。１９９６年からは毎年、アムステルダムの運河を航行する「ゲイプライド」として知られるパレードが開催されており、ＬＧＢＴ権利擁護のマニフェストとなっています。さらに、同性カップルが外国から養子をとる権利を求める運動、難民収容所でのＬＧＢＴへの差別に対する保護運動、信仰を背景とした学校でのＬＧＢＴの生徒・教員への差別に対する抗議運動、地方公務員（とくに婚姻登録に立ち会う地方公務員）によるＬＧＢＴへの差別（婚姻立ち会いの拒否権発動）を禁止する法改正を求める運動などを展開し、いずれも実現に導いています。

組織の拡大、公的な地位の確立

設立当初は「同性愛者」や「ＬＧＢＴ」という言葉さえ用いることができない組織だったＣＯＣは、50年あまりの歳月を経て、（現存する組織としては）世界で最も古い歴史をもつＬＧＢＴ擁護組織として、世界的に名の知れた存在に成長しています。オランダ国内の支所も24ヵ所に増えています。２０００年以降は地方支所の連合組織として「オランダ同性愛統合協会連合会ＣＯＣネーデルラント（Federatie van Nederlandse Verenigingen tot Integratie van Homoseksualiteit COC Nederland）」という名称となり、現在約７０００人の会員を擁しています。

ＣＯＣは、エイズが社会問題となった１９８０年代に、オランダ政府が討議パートナーとして正式に認めているほか、現在では、ルトガース研究所と同様、国連の特別諮問機関となっており、２０１１年と２０１４年のＬＧＢＴ人権侵害に反対する国連決議にも影響を与えています。また、主として東欧、中央アジア、アフリカ、南アメリカといった地域で、ＬＧＢＴ組織の支援、ＬＧＢＴの人々の組織化、人権擁護提唱運動などに取り組んでいます。

２０１２年にオランダの学校に〈性の多様性〉教育が義務づけられることとなった背景にも、ＣＯＣによるＬＧＢＴの権利擁護運動が大きな役割を果たしています。

学校をＬＧＢＴを差別しない組織に

ＣＯＣの公式サイトによると、現在、５００人以上のＣＯＣのボランティアが、国内の（中等）学校で毎年延べ約１５００回にものぼる出前授業を行っているとのことです。

その背景には、ＬＧＢＴの青少年に起きやすいいじめの問題があります。第４章でも述べたとおり、ＬＧＢＴの生徒たちは、そうでない生徒に比べていじめを受ける率が非常に高く、自殺願望を抱きやすいことも知られています。

ＣＯＣは、こうした状況に対し、とくにＬＧＢＴの青少年が差別やいじめに負けることなく自己肯定感をもてるようになるため、また、すべての生徒がＬＧＢＴの人権擁護意識をもつために、学校教育の内容を変え、学校そのものをマイノリティを差別しない組織にする努力を重ねてきました。次の３つの活動はその代表的なものです。

［エクスプレス・ソー］

ＣＯＣの青少年部といえるもので、コーヒーのエスプレッソをもじって名前がつけられています。あえて訳せば「こんなふうに（自分を）表現しよう」というような意味にとれるもので、ＬＧＢＴの青少年がみずから恐れずにカミングアウトし、堂々と自己肯定感をもって権利運動に参加することを支援する意味が込められています。学校で孤立しがちなＬＧＢＴの青少年がつながるために、同名の定期刊行物を発行し、専用サイトをつくって、ＬＧＢＴの青少年のコミュニティづくりを行っています。

［ジェンダー・セクシュアリティ連合（GSA）］

最近まで「ゲイ・ストレート連合」と呼ばれていたもので、もともとは、アメリカやカナダではじめられた運動です。「ゲイ」は同性愛者のこと、「ストレート」は異性愛者のことで、文字通り「同性愛者も異性愛者もみな一つに」、というような意味です。具体的には、同性愛者を異性愛者が差別しない学校づくりをし、そういう学校を全国的な連合組織としてつなごうという運動です。同性愛者だけではなく広い意味での性的マイノリティも含めようということで、現在の「ジェンダー・セクシュアリティ連合」という名称に変更したものと思われます。

ＧＳＡは、ＬＧＢＴの生徒たちを差別しないということを宣言した学校のネットワークです。そうした学校は、差別のない学校づくりに生徒たち自身を参加させます。COCは、GSAの運動を通して、初等学校（4－12歳）と中等学校（12－18歳）を対象に、できるだけ多くの学校がこのネットワークに参加することにより、一人でも多くの生徒たちがLGBTの人たちを差別しない人間として育つよう導いていくことを目指しています。

前述の通り、オランダでは「教育の自由」が保障されているために、宗教団体によってつくられた学校が非常にたくさんあります。それらの宗教団体のなかにはLGBT受容意識が低いものもあり、そうした宗教団体が設立した学校は、LGBTの生徒や教員の権利擁護に必ずしも積極的であるとはいえません。COCがGSAへの参加校を拡大していくことによって、こうした保守的な学校でも、LGBTの人権擁護意識が高まっていくことを間接的に目指しているのです。2018年1月の時点で、全国で653の学校がGSAに参加しています。

またGSAでは、パープル・フライデー、国際沈黙デーという活動もしています。パープル・フライデーは、毎年12月の第2金曜日に行われるもので、生徒たちは紫色の服を身につけ、「誰もが自分らしく」、つまり伝統的な固定観念としての男らしさや女らしさに縛られることなく、自分らしい外見で自分らしい行動や態度をとることを推進する日です。紫というのは、男の子は青、女の子はピンクという昔ながらのイメージに抵抗し、そのどちらでもない色として表現しているものです。そして国際沈黙デーは、これも年に一回、４月の第３金曜日に行われ、夜中の12時から正午までの12時間、いじめ自殺の犠牲者を追悼しながら沈黙を守るというアクションをする日です。とくに、ＬＧＢＴであることを理由に差別的な言葉を浴びせられ、それがもとで自己肯定感を失い、自殺願望を強めて自殺に至る子どもたちを意識した運動です。

［ピンクの象］

学校でいじめられたり孤立感を抱いているＬＧＢＴの生徒たちのための相談サイトです。ピンクは「性」に関してよく使われる色です。象は耳が大きいことから、「聞く耳をもっている」ことを象徴させているのでしょう。

自分自身がＬＧＢＴであること、親が同性愛者で母親または父親が二人の家庭であること、トランスジェンダーであるために性転換のセラピーを受けていたり出生登録の性別と今の性別が変わっていることなどを理由に、クラスメイトからいじめられたり、仲間外れにされたり、教員に理解されなかったりして孤立して悩んでいる時、子どもたちはこのサイトを通して、自分の悩みをＣＯＣの成人の職員たちに匿名で相談できます。悩みを書き込むと、通常24時間以内に、ＣＯＣの相談員が子どもにコンタクトをとり、その子との話し合いを通して、最終的には、その子が通っている学校の校長などの管理職者に、その子の代わりに事情を話して改善を求めます。管理職者たちは、そうした子どもの気持ちに気づいていないことが多いといいます。つまり、ピンクの象は、ただ「大きな耳で」子どもの相談に乗るだけではなく、誰にも気づかれずに一人で悩んでいるＬＧＢＴの子どもたちを代弁して、相談した生徒のプライバシーを守りながら学校側に話をするという役割も果たしているのです。

ピンクの象は、多くの場合、その学校がＧＳＡに参加するように勧めます。ＧＳＡの参加校になるというだけで、学校を、ＬＧＢＴを差別しないインクルーシブな場にするきっかけづくりになりますし、こうして参加校を増やしていくことで、まだ参加していない学校に対するマニフェストにもなるというしくみです。

ヘルシースクール・プログラム——学校を丸ごと健康共同体に

以上述べてきたように、オランダにおける性教育普及の原動力となったのは、はじめは、世界人口の急増による貧困の拡大を危惧していた医者たち、また女性や性的マイノリティの人々による解放運動などでした。これらの人々は、必ずしも、学校教育の専門家であったとはいえません。

そんななかで、２０１２年から「ヘルシースクール・プログラム」がはじまりました。これは、生徒たちの健康なライフスタイルが脅かされていることを危惧した学校側の要請に応じて、国が、国の保健局および地域の保健所に要請を呼びかけてはじまったプログラムです。ルトガース研究所やＣＯＣのような学校外の団体との連携を通して、単に生徒への生活指導としてではなく、教員や保護者も含み、学校ぐるみで丸ごと健康なライフスタイルを促進するための全国的なプログラムです。

ヘルシースクール・プログラムのなかでは、性的健康も重要な位置を占めています。本章の最後に、学校における性教育をさまざまな団体が外側から支えるしくみの一つとして、このプログラムの概要に触れておきます。

学校そのものを「ヘルシー」に

オランダ語で Gezonde School（ヘゾンデスホール）、英語に直訳して「ヘルシースクール」という名のこのプログラムは、たとえば保健体育のように、科目として、生徒に健康管理の仕方などの知識を伝達することを目指すものではありません。もちろん知識やスキルを教えることも含まれますが、それよりも、学校という場所、すなわち子どもたちの成長を支援する場そのものを「健康にする」ことを目指したプログラムです。

学校は、校舎や校庭、その周辺にある施設などの環境を、子どもにとって安心で安全、かつヘルシー（健全）な環境に変え、保護者の関心を高めて、学校への参加を促します。教職員自身も、労働環境を健全なものにすべくみずから努力し、学校全体がヘルシー志向の共同体になるようライフスタイルや態度を改めていきます。

このヘルシースクールの取り組みは、もともと、初等教育評議会、中等教育評議会、中等職業訓練校評議会という3つの全国組織がオランダ教育文化科学省に要請して、国からの資金を得てはじまりました。これら3つの評議会は、教育段階ごとの学校設立者（公私立の両方を含む）の代表が集まってつくっているもので、それぞれ初等学校（4－12歳）、中等学校（12－18歳）、中等職業訓練校（16－20歳）を対象にしています。国が率先して指導したというよりも、学校のほうからそうした取り組みの必要を訴えてはじまったものです。

現在、全国の約1000校の初等学校、200校あまりの中等学校（中高一貫校）、約90校の中等職業訓練校が、何らかの形で、ヘルシースクールの取り組みに参加しています。

他方、ますます多くの市町村で、子どもの育成にかかわる施設を「ワイドスクール」とか「統合子どもセンター」という名の総合施設に再編する動きがあります。これにより、一つ屋根の下で、0歳から12歳までの子どもたちの生育に関連するあらゆる組織・団体、すなわち保育園（0－4歳）、遊戯室［★6］（2－4歳）、初等学校

（4－12歳）、学童保育（4－12歳）、スポーツクラブや芸術クラブなどが共同して統合的に子どもの発達支援にあたるほか、障害者施設や高齢者のためのデイケアセンター、医療相談所やボランティア団体の事務所などを付設する動きも各地でみられています。

そうしたなかで、この学校を丸ごとヘルシーにするという「包括的な」健康教育への取り組みは、学校という組織を超えて、保育園や福祉施設にまで広がり、教育文化科学省だけではなく厚生省や経済省、社会事象・労働機会省、環境省なども参画し、複数の省を横断して、人々の健康なライフスタイルづくりにかかわるようになってきています。

教育の自由とヴィネット方式

「ヴィネット」という言葉は、あまり聞き慣れないかもしれません。もともと「小さなイラストレーション」を表すフランス語ですが、オランダのヘルシースクール・プログラムでは、図のようなロゴをヴィネットと呼んでいます（図7-1）。

ヘルシースクールには、8種類の健康関連部門が用意されています。初等学校の場合、①栄養、②運動とスポーツ、③喫煙とアルコール、④ウェルビーイング、⑤恋愛関係とセクシュアリティ、⑥身体の安全、⑦環境と自然、⑧メディアリテラシー。中等学校と中等職業訓練校の場合は、①栄養、②運動とスポーツ、③ウェルビーイング、

〔図7-1〕ヘルシースクールのヴィネット

④恋愛関係とセクシュアリティ、⑤身体の安全、⑥生活環境、⑦メディアリテラシー、⑧喫煙・アルコール・ドラッグの予防です。

学校は自校の現状に照らして、このなかからニーズの高い部門を一つか二つ選び、多くは2、3年をかけて取り組みます。そして要件を達成すると、公式の修了認定証である該当テーマのヴィネットを3年間、学校の入り口に掲示することができます。

オランダの学校は、憲法に制定されている「教育の自由」のおかげで、世界でも類例がないほど大きな自由裁量権が認められています。どの学校も国から同額の公教育費を受け取ることができ、それぞれの教育理念にしたがって、学級編制や授業の仕方、教材や校舎のつくり方などを自由に決めて運営していくことができるのです。

ただし、学校は、国が定めた「中核目標」を目指して授業をしなければなりません。また、保護者は、いくつもの学校から自分の子どもにふさわしいと思われる学校を無償で選ぶことができます。もしも、ある学校の生徒数が、（地域の人口変動とは無関係に）減少していった場合、つまりその学校に子どもを通わせたいと思う保護者が減っている場合には、学校は教育監督局によって「改善」を求められ、2年以内に改善されなければ廃校処分を受けるという厳しい面もあります。

ヘルシースクールのヴィネット方式は、この「教育の自由」を背景としてつくられたものです。学校が活動内容を工夫するのは自由ですが、それが実質的な内容をもっていることを保護者に「みえる」形にし、熱心に教育に取り組む学校の姿勢を保護者が知り、多くの子どもたちがその学校に通うようになるのが、学校の運営上、望ましいことなのです。つまり、学校がヘルシースクールのヴィネットを表示することは、健康教育を積極的に行っていることを保護者たちに知らせるという意味があります。

保健所のパワフルな支援

ヘルシースクール・プログラムでは、地域の保健所が重要な役割を果たしています。この取り組みがはじまって以来、各地の保健所には専門の担当者がおかれ、地域の学校の健康度を調査し、その結果に基づいて学校にアドバイスをするようになりました。ある学校で、他校に比べてとくに肥満児が多かったり、性暴力が頻発していたり、いじめが起きていたりすると、保健所の専門職員がアドバイスをして、栄養、恋愛関係とセクシュアリティ、ウェルビーイングの部門への取り組みを勧めるといった具合です。

学校は、一般的な調査結果のほか、現状チェックのための自己評価テストをすることもあります。

学校がいったん取り組みの開始を決めると、学校のなかでも担当の教員や委員会が設置されます。これら学校内の担当責任者が中心となり、保健所のアドバイザーと連携して、自校の現状を分析し、改善計画を立て、実施していきます。こうすることで、学校は、無駄にいろいろな問題に一斉に対処する必要がなく、保健所のデータに基づいて、ニーズの高い部門に優先的にアプローチできるのです。

保健所の職員は、地域内の多くの学校に助言をしていますから、その経験を、各学校の改善計画の立案に応用できます。また、テーマに関連した専門的な事業を行っている地域の種々の団体が、学校を支援できるよう調整することもできます。オランダには、保健所など公立の施設以外にも、健康管理の分野に関して、市民がつくっている多くの非営利団体があります。たとえば心臓病予防協会、がん予防協会、呼吸器疾患予防協会、糖尿病予防協会、脳疾患予防協会などです。こうした市民の協会は、医療知識やテクノロジー開発のための募金運動や遺族支援のほか、予防のための啓発教育などをしています。こうした人々を学校に招いて、栄養管理・運動・身体の衛生管理・環境改善などの分野で協力してもらうことができます。さらに、スポーツクラブの指導者を学校に招いてデモンストレーションをしてもらうこともできます。

保健所からは、栄養士や医療コンサルタントなど、普段別の部門で働いている職員をヘルシースクールのために派遣することも可能です。また、最近とてもよくみられる、グラウンドに起伏をつけたり、植林したり、学校菜園をつくるといった試みには、オランダに昔からある「自然のなかで遊べる環境づくり」に取り組んでいる非営利財団がしばしば資金援助をしています。

ヘルシースクールに参加している学校のなかには、高等専門学校や大学と協力しているところもあります。健康に関する学部で勉強している学生たちが、実習や研究のためにヘルシースクール事業に協力していることもあります。

このようにヘルシースクールとは、学校の教員がすべてを担うというよりも、学校を拠点として保健所がアドバイスをしながら、地域のさまざまなリソースを利用して、青少年を中心に、彼らを取り巻く保護者や教職員の間にも広く健康なライフスタイルを普及するための活動なのです。

第8章

オランダの性教育から学べること

これからの日本の子どもたちのために

日本人の性意識を考える

セックスレスの増加と広がる性の商品化

日本のマスメディアが「家庭内離婚」や「家庭内別居」という言葉を頻繁に使うようになったのは、１９８０年代頃からかと思います。からだの関係がなくなりながらも法律上の婚姻関係は維持し、同居している夫婦のことです。もちろん、そのなかには、こころでは結ばれた仲のよい夫婦もいるのでしょうが、元来、性関係を前提として結ばれる結婚という概念からすると、比較的若い世代での家庭内離婚・家庭内別居は、子どものため、生活費や養育費のためといったさまざまな事情があるとはいえ、気になる現象です。

他方、１９９０年代の終わり頃から、「援助交際」という言葉が流行りはじめました。金銭を求めてみずからの性を売る女子中高生たちに、性を求める大人があたかも「援助」しているように見せかける表現ですが、その実態は児童買春や児童に対する性犯罪です。根本的な背景として、子どもたちが安心して過ごすことのできない家庭や貧困の増加という実情が潜んでいるともいわれています。また、「ＪＫビジネス」と称される、女子高校生（ＪＫ）による身体的に密着したサービスを売りにした商売も広がっています。いずれも多くが未成年の女子の性を「商品化」するものです。自治体などによる対策が進められているとはいえ、この種のビジネスはいまだ後を断ちません。オランダで国をあげて子どもたちの性を守るために対策に取り組んでいる「ラバーボーイ」と同じ問題です。

一般社団法人日本家族計画協会は、2004年以来2014年まで7回にわたり、満16－49歳の男女を対象とした「男女の生活と意識に関する調査」(http://www.jfpa.or.jp/paper/main/000047.html) を行っており、そのなかでセックスレスの実態調査をしています。それによると、10年間で、婚姻関係にある回答者のうち、この一ヵ月以上セックスが行われていないセックスレスの割合が、31・9%から44・6%へと上昇しています。10年前ですら、セックスレスの割合が高いことが注目されていたのに、現在では、婚姻者の2人に1人近くがセックスレスであるというから驚きです。

セックスレスの問題は、日本の少子化の進行とともに語られることが多く、「比較的若い年齢層で、かつ一緒に住み始めてからの期間が短い人でも、性交渉頻度がさほど多くないことが目立った」という別の調査結果もあります［★1］。

日本性科学会のホームページでも、セックスレスの増加に触れて、「全くセックスをしていない人が2000年調査では4人に1人だったのが、2012年調査では2人に1人以上になっていたのです。そして、配偶者以外の異性との親密な交際は男女ともほぼ3倍に増えていました」という記述があります。セックスレスが増えている一方で、配偶者以外の異性との交際が、同時期にほぼ3倍に増えているというのです。

夫婦間のセックスは、少なくとも結婚の時点で、お互いに未来の生活を共有し、「共に生きる」ことを誓い合ったうえでのものです。しかし婚姻手続きを経ていない男女関係におけるセックスは、両者の自由意志による合意の結果としてではないものや、金銭と引き換えに行われているケースが、少なくない比率で含まれていると思われます。もちろん、配偶者以外の相手とのセックスのなかにも、双方の合意のうえで、一時的に互いの性欲を満たしているケースもあるでしょうし、結婚したいけれどもなんらかの事情でそれができないというケースもあるでしょう。残念ながらそうした事情ごとの統計はありませんが、全体としての比率はあまり高くないのではないでしょうか。いずれにしても、婚姻関係にある男女間のセックス頻度が減り、婚外でのセックスが増えているということには、愛情と互いに対する責任のない性関係がどうしても想像され、少々殺伐とした気持ちにならざるをえません。

一方で、セックスレスの家庭とそこで育つ子どもたちがおり、もう一方で、未成年あるいは若い女性の性を商品化するビジネスが蔓延している……。性については「人前で口にすべきでないもの」「下品なもの」としてタブー視する日本の大人たちのかげで、子どもたちの性が翻弄され、一生残るこころとからだの傷を受けているかもしれない。そして、愛のない性関係の末、望まれない妊娠の結果として生まれる子どもたちも増えているのだとしたら……。こうしたことを考えれば、日本でも学校教育で何らかの対策をとる必要があることは否めないのではないでしょうか。

性について教えない日本の学校

日本に滞在したオランダ人の写真家で造形アーチストのヤンニ・レグニルスは、帰国後に著した日本紀行［★２］のなかで、日本では、外国から輸入されたアート写真集のなかの作品ですら検閲によって性器部分が塗りつぶされているにもかかわらず、街の書店や電車のなかでは、奇妙なほどに誇張された性描写の漫画が溢れており、そうした漫画を若い人たちが食い入るように読んでいる姿に呆れています。性についてオープンに語る国で育った著者にとって、こうした性描写やそれを見る若者の姿が、どれほど奇妙に映ったことでしょうか。

日本の学校には、正しい性の知識を体系的に、子どもたちが学びとしてきちんと受け止められるように教えてくれる授業が大変少ないようです。ましてや、オランダのように、性行動における自分のボーダーラインの引き方、ＬＧＢＴの人を差別しないための〈性の多様性〉を教える授業などは、ほとんど行われていないといってもよいでしょう。

からだやこころの変化に伴い、性への好奇心でいっぱいの思春期の子どもたちがとりあえずアクセスできるのは、漫画や週刊誌の類、インターネットの情報でしょう。これらは、教育学的な見地から注意深い配慮をした情報ではもちろんありません。大半は、読者や視聴者の性欲を刺激することを目的として誇張されたものです。こうした不適切な性に関する情報に接している子どもたちが、避妊や性病についての正しい知識をもたずに性行為への好奇心だけを膨らませているのは、とても危険な状況です。

そういうやや異常ともいえる性描写に囲まれて性意識を発達させている子どもたちがいるというのに、学校は、性の問題にあまり取り組もうとしていません。というよりも、実は、性教育を行う必要があることを感じ、正しい形で実践したいと思っている大人たちがいるにもかかわらず、実際に学校で取り組むことは困難な事情があるようなのです。

性教育を行っていくうえで一つの障害になっているのは、学習指導要領の「歯止め規定」と呼ばれているものです。日本の性教育は、主として理科と保健体育の授業の一環として取り扱われることになっていますが、現行の学習指導要領でも、2017年に告示され近く施行される予定の新学習指導要領でも、理科の授業で「人が母胎内で成長して生まれてくること」を教えるにあたり、「内容の取り扱い」として、「受精については取り扱わない」という注意書きがあります。小学3－4年生の体育「G保健」の箇所には、「体の発育・発達」という項目のなかで、「体は、思春期になると次第に大人の体に近づき、体つきが変わったり、初経・精通などが起こったりすること。また、異性への関心が芽生えること」を教えることになっていますが、理科において「受精については取り扱わない」という注意書きがあるために、性交渉そのものは取り扱えないのです。

また、体育の箇所にある「異性への関心が芽生える」という表現に対しては、ＬＧＢＴの人々（青少年）の存在をはじめから排除し、同性愛者やバイセクシュアルの恋愛感情を認めない表現であるとして、日本のＬＧＢＴ活動家らが以前から批判しています。しかしこれも、新指導要領で変わらずに継承されています。

念のために、中学の理科についてもみてみました。そこには、「生命の連続性」を教えるとあり、「細胞分裂と生物の成長」「遺伝の規則性と遺伝子」「生物の種類の多様性と遺伝子」といった一般的な項目が並んでいますが、とくにヒトの生殖についての記述はありません。一般的な文脈のなかで、ヒトの生殖を取り扱うこともできなくはないのかもしれませんが、何かオブラートに包まれている感じは否めません。

性交渉は、子どもをもつ大人ならみな経験していることです。そして、普通の夫婦や愛し合っている者同士のセックスは、ポルノグラフィやポルノまがいの漫画や雑誌にある性描写とは異なり、お互いを愛し、いたわり合うことの延長上で行われる、人としての自然な行為です。

それなのに、なぜ学校は、性交渉だけをあたかもオブラートに包むように「学校」「公教育」の場から目隠ししてしまわなければならないのでしょうか。

先にも述べたように、未成年者の望まない妊娠は、人工妊娠中絶によりからだを傷つける危険があります。さらに、経済力もなく大人として自立もしていない状況で子どもをもつことは、その後その子がどんな状況で育てられるにせよ、子どもにとっても母親にとっても、人生にネガティブな影響を及ぼしかねません。そして、そうした形で本来歩むはずだった人生を踏み外してしまう危険は、圧倒的に女性のほうが大きいのです。また、性病感染の危険は、男子にも女子にも同様に当てはまります。

性教育バッシングの経緯

実は、エイズ（ＨＩＶ感染）が世界的に問題となった１９８０年代に、世界の国々では性教育が盛んになっています。日本でも、感染予防のために、性教育が一時期広がったといわれています。

ところが２０００年代以降、日本では「性交渉」はオブラートに包まれるどころか、バッシングさえ受けはじめ、性教育そのものが「過激なもの」という扱いを受けるようになっていきます。

その引き金の一つは、東京都立七生養護学校の教員たちが行った性教育実践でした［★3］。

同校では、在校生である知的障害をもつ女子生徒が男子生徒と性関係をもったという出来事を受けて、教員と保護者が協議を重ね、知的障害児のために独自の性教育プログラムをつくって実践をはじめました。ペニスの模型を用意し、子どもたちが具体的に目で見て理解できる教材で、性のしくみを教えようとしたのです。この実践は周囲から高く評価され、研修会などでも紹介されていたといわれます。

しかし２００３年、都議会議員が「過激である」として教材を没収し、都教育委員会に対して、同校教員の懲戒処分を要求しました。そして都教委は、この性教育プログラムの実践にかかわった教諭と校長を処分します。

この処分を不服とした教諭や校長は、その後、地方裁判所、高等裁判所に訴えています。裁判所の判決はいずれも、教諭・校長の行為は正当であったというものでした。都教委はこの判決を不服として上告しますが、最高裁判所は受理しませんでした。つまり、司法は、どの段階においても一貫して、学校に対する処分を認めず、学校や教員による自主的な教育実践の権利を保護しようとしたのです。

七生養護学校で行われていた「こころとからだの学習」と名づけられた性教育は、男性器と女性器の模型を使って、その特徴をはっきりとわかるように伝えようとしたものです。この本で紹介した通り、これはオランダでは障害児のための性教育としてごく普通に行われていることで、おそらくオランダではもっと本物に近い即物的な教材を使って授業をしています。

オランダでは、知的障害児の場合、「思春期における成長の変化は健常児と同じであるにもかかわらず、社会性や情動面での発達が遅れるためにギャップが生じ、その結果、して良いこととしてはいけないこととの違いを理解することが遅れたり、何らかの行動の帰結が予測できなかったりする。性について明確で反復的な学習が必要であるにもかかわらず、一般的にそうした指導は保護者では難しい」［★4］という理由から、このような性教育の開発に、ルトガース研究所や、ロッテルダムにある国内最大の教育サポート機関ＣＥＤグループ教育サービス［★5］が率先して取り組んでいます。健常児以上に性暴力の犠牲になりやすく、望まない妊娠に至る危険も大きい子どもたちに正しい性教育を行うことは、奨励されることはあっても、禁止されることは絶対にありません。日本の地裁・高裁・最高裁判所が揃って正当性を認めた性教育への自主的な取り組みは、この観点から当然のものといえます。

しかし、司法機関が出した結果とは裏腹に、その後、一部の新聞が「過激な性教育」「ジェンダーフリー教育」といった表現で、性教育そのものを糾弾する論調を強め、政治家による性教育へのバッシングもみられるようになっていきます。学校教育の自主性を法に照らして判断した裁判所の判決よりも、一部の新聞や政治家の偏向した主張が、教育界に影響を及ぼしていくのです。

この時期、性教育バッシングの一翼を担った参議院議員（当時）山谷えり子氏は、中京テレビが２０１３年5月25日に放映した番組「ニッポンの性教育 セックスをどこまで教えるか」のなかでインタビューを受け、「子ども時代は、蝶々が飛んでいる姿、お花が綺麗に咲く姿（中略）それで十分命の尊さを私たちは学んできた」「（セックスについて学ぶのは）結婚してから」と発言しています。性教育で避妊について教えることは、「避妊具さえはめていればセックスしていいのよということを教えることになる」とも述べています。

この問題は国会でも議論され、全国の性教育授業で使われていた３５００件の教材が没収されることとなりました。自民党内に「過激な性教育・ジェンダーフリー教育実態調査プロジェクトチーム」が組まれ、その座長だった安倍晋三氏は、性教育の「暴走」という表現を使っています。国会で発言した当時の首相小泉純一郎氏は、「（セックスについては）知らないうちに自然に一通りのことを覚える」とまで言っています。

正しい性の知識は「自然に」身につくものではない

失業率が上がり、貧困家庭の割合が高まっている現在、本来の機能を有していない家庭、つまり、子どもたちの情操や社会性の発達を支援したり、健康管理の仕方を教えたりすることのできない家庭が増えています。また、少女たちの周りには、彼女たちの性を「商品化」しようと企む大人たちが蠢《うごめ》いてもいます。そうしたなかで、性や生殖についての知識は学校で教える必要はない、子どもたちが「自然に身につける」と、のほほんと構えていてよいものであるとは、とても思えません。子どもたちが「自然に身につける」性の知識とは、もしかすると、ポルノ雑誌やポルノ漫画の、暴力や強姦行為を含む歪んだ性、あるいは「援助交際」での実体験かもしれないのです。

2016年3月、国際人権NGOヒューマンライツ・ナウは、日本でアダルトビデオへの出演を強要された女性たちの人権侵害を取り上げた報告書を発表し、そのなかで、「若い女性の無知や困窮に乗じて、衆人環視のもとでの意に反する性行為を強要し、その一部始終が半永久的に公にさらされる被害は著しい人権侵害であり、違約金の脅しによりこうした奴隷的な立場におかれる『債務奴隷』ともいえる深刻な事態であり、女性に対する深刻な暴力」と述べています［★6］。

しかし、日本の一部の政治家たちの女性に対する人権侵害、そしてLGBTの人々への差別的な発言は、相変わらずマスメディアでしばしば取り上げられています。そうした失言の数々をみると、どうやらそれが海外の先進民主社会の市民感覚からしてきわめて非常識であるという自覚がもてないほど、政治家たちの意識に差別的な感覚が深く染みついてしまっているようです。それが証拠に、こうした失言は、何度批判されても、繰り返し繰り返し現れます［★7］。

オランダ性教育のビジョン

こうした日本の性意識と性教育の現状にあって、私たちはオランダから何が学べるのだろうか、どうすれば、これからグローバル時代を生きていく日本の子どもたちが、望まない妊娠や性病感染の危険から身を守り、また大人たちの性欲の犠牲になることなく、お互いを尊重するこころと受容に基づいた恋愛をし、性生活を送れるようになるのか、それが本書のテーマでした。

もちろん、日本国内でも、多くの教育者や医療・保健関係者が、青少年の健全な性的発達のために、さまざまな実践に取り組んでおられることは知っています。ここでわざわざ文化も習慣も異なるオランダを引き合いに出すのは、国内にそのような実践があるにもかかわらず、日本の学校ではなぜ、子どもたちに正しい性の知識や人間関係のあり方を教えることができないのか、ということを考えてみるためです。

読者のなかには、オランダ人の性意識や性教育は日本とはあまりにも対照的で、ついていけないという感想をもたれる方もおいでかと思います。本書を執筆するためにいろいろな資料をじかに見てきた私自身、教科書や教材に出てくる性描写があまりに直截的なので、戸惑い、驚くことも少なくありませんでした。今すぐに日本の学校でもそういう教材を使うのがよいとか、そうなるべきだとは思っていません。日本では、日本の子どもたちにふさわしい教材を生み出し、選んで使えばいいと思います。

また、オランダと日本とでは法体制が異なっているという事情もあります。オランダが最初に実現した同性間の婚姻合法化は、その後多くの国で賛否両論が戦わされ、オランダと同様に実現にこぎつけた国もあれば、そうでない国もあります。ＬＧＢＴの人たちの権利保護についても同様で、オランダのように、それをテーマにした授業を学校が行っている国のほうが少なく、大半の国は、今のところ、性教育には取り組んでいても、異性愛を前提とした性と生殖のしくみを教えるにとどまっています。

しかし、教育は未来社会へのビジョンです。それは、子どもたちが将来どんな人間になることを私たちが望んでいるのか、そのような人間形成を通して、私たちはどんな社会をビジョンとしてこころに描いているのかを意識して行われるものです。その意味で、多くの国が現在行っている多数派の教育が正しいという根拠はどこにもありません。教育は、時代の変化、新しい社会の要請とともに、常に変わり続けるものであるからです。だからこそ、問わなければならないのは、たとえ少数派であるとしても、その教育が、いったいどんなビジョンに基づいて何を目指して行われているのか、どんな人間像と社会像のために行われているか、ということでしょう。

そうした意味では、授業技術や教材がどんなものであるかということはそれほど重要ではありません。オランダの性教育教材にどんな写真が出ているかといったことよりも、何を、何のために教えようとしているのかを深く考えてみるべきなのです。ビジョンが理解できれば、そこで採用されている授業技術や教材の意味もみえてきます。

そうした観点から、本書で紹介したオランダ性教育の背景にあるビジョンを探りつつ、日本の教育にとって参考になると思われる点を以下にまとめてみたいと思います。

全人教育の一部としての性教育

オランダの学校教育は、１９７０年代以降、今日まで約50年の歳月をかけて、学力（認知的能力）中心の画一的な教育から、個別の子どもがもっている潜在的で幅広い能力を最大限に引き出すことを目指す教育へと徐々に移行してきています。

こうした動きを率先する役割を担ってきたのは、モンテッソーリ、ダルトン、イエナプラン、フレネ、シュタイナーなど、20世紀初頭に世界各地で生まれた「新教育」とか「オルタナティブ教育」と呼ばれる理念をもつ学校です。オランダでは、憲法で認められた「教育の自由」のおかげで、このような教育理念の学校が、授業料の高い私立校としてではなく、国から公立校と同じ公教育費を得て、教育実践を行うことができました。

これらオルタナティブ教育の理念に共通しているのは、18―19世紀に活躍したスイスの教育実践家ペスタロッチが言うように、子どもたちの成長を「頭とこころと手を通して支援する」ということです。つまり、単なる知識やスキルを「頭で」学ぶだけではなく、情緒や社会性を「こころで」学ぶ、クリエイティビティや表現力を「手で」学ぶといったように、子どもをトータルな観点から見守り育てる、すなわち全人教育を行うという考え方です。とりわけ、急激な都市化の発展とともに生まれてきたオルタナティブ教育では、都市化によって失われた家族や地域の教育力を学校が肩代わりしなければならないという意識が強く、子どもたちの情緒や社会性の発達に深くかかわろうとしています。

こうした考え方は、1970年代、オランダの若者たちが体制や権威に抵抗し、人々がインクルーシブにかかわり合いながら積極的に参加する市民社会を求めて運動をしていた時期に、オランダの学校教育と社会に広がっていきました。そして、画一一斉授業型の古い教育のあり方を、個別発達を重視した新しい教育へと変えていく原動力になりました。今日では、教育改革の方向性や教育監督局の評価基準といった点を含め、オランダ教育制度の基本方針になっています。

これまで述べてきたように、オランダの性教育では、保健衛生面だけでなく、他者のからだやこころを傷つけないよう欲望をコントロールする方法、友情や愛情の育て方、価値観の異なる他者の受容・尊重といった、社会性や情緒の発達にも関心を向けます。学校は、このようなスキルや心構えを、社会のなかで責任ある市民として生きていくために欠かせないトータルな力の一部として取り扱っているのです。

性教育は、人権教育であり市民性教育である

２０１２年に義務化された性教育は、性と生殖のしくみやそれにまつわる情緒の変化などを超えて、〈性の多様性〉に重点をおいたものであることはすでに述べた通りです。かつてオランダにもあった女性やＬＧＢＴの人々への人権侵害を繰り返さないために、新しくオランダに住みはじめた移民や難民など、女性差別やＬＧＢＴ差別を黙認する文化や価値観をもつ国からきている人々にも、差別を禁じ、すべての人が平等で尊重されるべき存在であることを「人権教育」として教えています。

それは、オランダに住む人は、国民であるか否かにかかわらずいかなる人も差別されないことを明記したオランダ憲法第１条に基づくものです。その意味で、オランダの性教育は、オランダ憲法を人々が遵守するための、広い意味での「市民性教育」で

もあるのです。

男女の差別も、異性愛者とＬＧＢＴの差別も、文化や宗教的な違いによる差別も、障害のあるなしによる差別も、オランダでは憲法に則り、処罰の対象です。性教育が教えようとしているのは、子どもたちが、人を差別したり、排除したりすることのない人間になることです。

性教育は、幸せな社会のつくり方を教える

すべての人が平等に受け入れられ、尊重し合うインクルーシブな社会とは、実は、すべての人にとって幸福で生きやすい社会のことです。

オランダの性教育では、小さい時から、思春期を経て、実際に性交渉を行う年齢になるまで、一貫して「ノー」と言うことの大切さを教えます。すなわち、子ども自身が嫌なことを強制された時に、拒否する力を身につけさせようとするのです。それは、一人ひとりの子どもが、自分で判断して自分なりのボーダーラインを決める力を養うことでもあります。

同時に、クラスメイトや恋愛相手のボーダーラインを尊重し、そのボーダーラインを相手に強制的に乗り越えさせたり、自分が踏み越えたりしてはいけないということを、子どもたち自身の議論を通して、当事者としての実感をもてるようにして教えて

います。それによって、誰もが自分の価値観を否定されたり、力づくで捻じ曲げられたりすることのない社会を建設しようとしているのです。

ヘルシースクール・プログラムでは、生徒たちを中心に教職員や保護者を巻き込んだ健全な学校のあり方が目指されていることを第7章で述べました。これは、学校という社会をヘルシーにしていくことで、将来のオランダ社会全体がそのようにヘルシーなものになることを目指すものといえるでしょう。ＣＯＣによる、ＬＧＢＴの生徒たちの権利を守りいじめや自殺を減らそうとするジェンダー・セクシュアリティ連合（ＧＳＡ）や「ピンクの象」の取り組みも同様です。

性教育は、ニーズに合わせて多様なやり方で行う

第３章などでいくつも例をあげた通り、オランダの学校で行われている性教育の授業は、何か特定の教科書や教材を使って、一斉授業方式で画一的に行われるものではありません。授業マニュアルはありますが、それは、知識を一方的に伝えるためのマニュアルではなく、実際の授業は、円座になって意見交換したり、動画を見て話し合ったり、ゲーム教材を使って知識を確認したり、工作や詩作などクリエイティブな作業を通して学んだり、親へのインタビューや家での出来事・思い出を題材にしたりするなど、多彩な方法で子どもたちの創造性や思考力を刺激しながら行われます。

ニーズに応じた多様な方法を用いるやり方は、障害児の性教育の場合にはとくに必要です。性的な発達は心身にかかわることであるだけに、障害をもつ子どもたちに特別のニーズが生じるのは当然です。しかも、性愛を人間の「権利」とみなすオランダは、障害児や障害者もまた性愛への権利をもっていることを性教育の基本に据えています。障害をもつ子どもたちが、近い将来、性関係も含む恋愛関係の喜びをもつことは、障害のない子どもと同様に重視されています。「障害があるから」性教育は必要がないのではなく、「障害があるからこそ」教材や授業方法を変えて教える努力をしなくてはならないのです。こうした子どもたちが、障害を乗り越えて、人を愛し、人から愛され、性の権利を奪われることがないように保障することが、学校や公教育の責任者である国の役割だと考えられているのです。

また、ヘルシースクール・プログラムでは、学校周辺の地域特性やその学校の生徒人口の特性に合わせて、学校ごとに、健康教育のテーマを決めるしくみをつくっています。たしかに、都心と郊外の学校では保護者の質も違います。あるいは、性を語ることに対するタブー意識の強い地域もあれば、性を市民権として尊重している地域や、性に開放的だけれども男性優位のメンタリティが強い地域もあるでしょう。このような違いに対して、ヘルシースクール・プログラムは、全国一律の方法・教材を押しつけるのではなく、保健所の事前調査や学校長の観察に基づき、現場のニーズに即して強調点を変えたり、性相談の多いテーマを重視するなど、柔軟にアプローチできるしくみになっています。

日本の子どもたちにも愛と性の権利を

「性について話すのは下品なこと」？

日本の子どもたちにも、人を愛することの尊さを知ってほしい。そして、自分自身の性を守り、愛のある性生活のできる人間として成長してほしい。文化や宗教や言葉が違っていても、他者を信じ排除しない人間になってほしい。私が本書を書いた理由はそれに尽きます。

そして、日本には、実際に、同じ目的で性教育を実践している方や、研究している方がいらっしゃることも知っています。

それなのに、子どもたちの性が商品化され、学校の性教育は、広がるどころか、バッシングを受けて、ますますやりづらい状況になってきています。どうすれば、この状況を突き破ることができるのでしょうか。

日本人一般の伝統的意識として、「性について話すのは下品なこと」と感じる気持ちはわかります。オランダでも、60年ほど前までは同じでした。現在オランダに住んでいる多くの移民たちの家庭でもそうで、性はプライバシーにかかわる問題なので、人前で話題にすることではないのです。

しかし、そのように性をタブー視するために起きてくる問題に、60年前のオランダの若者たちは気づきました。女性差別、ＬＧＢＴ差別、児童に対する性犯罪について、人々が議論をし、差別や犯罪をなくす工夫をしたり法制を整えたりするプロセスが滞ることが問題だと気づいたのです。

日本で性教育をバッシングする人たちは、そういう性教育がもっている大切な意味を理解しないまま、性教育を、子どもたちの好奇心をいたずらにかき立て、性行動を刺激するものと勘違いしているようです。しかしオランダはじめ、ヨーロッパの先進諸国で行われている性教育は、子どもたちが健全でトータルな人間になることを目指した全人教育の一環です。オランダで義務化された〈性の多様性〉教育は、さらにもう一歩踏み込んだ市民性教育そのものです。

国のための学校から、すべての市民のための学校へ

オランダの性教育の様子を眺めていると、日本で性教育を広げるうえでの障壁の一つが、日本の学校のあり方、公教育の目的そのものにあることがみえてきます。

日本では、学校が市民のためのものではなく、国のためのものになっている面があ

まりにも大きいのです。日本の学校は、明治以来今日まで、市民がそれぞれ自分らしく生きるための準備をすることではなく、国が求める経済発展のための人材づくりに重きをおいており、エリートを選抜するために、落ちこぼれには目を向けない傾向が強くなってしまっています。

もちろん、落ちこぼれへの配慮がどこにもないとはいいません。また、こんな言い方をすれば、すぐに、「経済発展あっての社会発展だ」と反論がくることも容易に予想できます。しかし、今日の日本、そして、アメリカのように経済発展を強調してきた国の現状をみれば、それが正しくないことは自明です。経済発展は病院や福祉施設をつくることを可能にした一方で、元に戻すことがほとんど不可能なまでに自然環境を破壊し、人類の安全で豊かな暮らしの基盤を崩し、貧富の格差を広げてきました。

学校は、そろそろ、こうした経済発展とエリート選抜のための場ではなく、どの子どもも自分らしく生きるための準備をする場に変わっていくべきなのではないでしょうか。そのためにも、学校とは何のためにあるのか、公教育とは何を目指すべきなのかを、私たち市民が、みんなで議論し、考え直してみる時期にきています。

自由意志と社会への責任を自覚して、選択的に生きる市民を育成する性教育は、学校それ自体が、国のためではなく、市民自身の手による市民のためのものになった時に、真に発展するものだと思います。

教科書中心の授業からの脱却

日本で性教育を広げるうえでの障壁の二つ目は、学校での学びが、一人ひとりの子どもの特性や学びのテンポに応じたものではなく、画一的な目標を目指して、かぎられた教科書や教材を使って行われていることです。

繰り返しになりますが、オランダの性教育は、単一の教科書を使って画一一斉授業で教師が教えたつもりになって終わるというようなものではなく、子どものもつニーズに応じてさまざまな形式を用い、子どもたちがアクティブに、当事者意識をもって経験的に学べるようにしています。

ニーズの多様性に応じて方法を自在に変えながら教えるというやり方は、オランダでは性教育にかぎらず行われているものですが、日本では、普通の授業ですら、個別のテンポやニーズに合わせることがとても困難な状況にあります。

それは、学校が教材を購入する資金も、教員たちがさまざまな教育方法を学ぶ研修を受ける資金も、学校にほとんど支給されていないからです。

オランダの学校には、国語、算数、（理科や社会、市民性などについて学ぶ）総合的な学習の時に利用できる多様な教材が、教室や廊下の棚にあふれんばかりに準備してあります。さらに20年ほど前からは、デジタル教材やネット上の授業マニュアルなども豊富にあり、教員は、それらのなかから、子どもにとってふさわしいものを選んで使える環境にあります。

１９６０年代以降、オランダ政府は、全国各地の約60ヵ所に、「教育サポート機関」という教材開発、教員研修、教員コーチング、学校改善支援を専門とする施設を設置し、ベテラン教員や心理学者、教育学者などを配置して、教員の質の強化に取り組んできました。現在では、教育サポート機関は民営化され、統廃合のために数も減ってきていますが、教員たちが、個別に必要としているスキルに関して研修を受け、新しい教育技術や教材に触れる機会は頻繁にあります。

性教育のなかにも、望まない妊娠と性病を避けるための避妊教育など、必ずすべての子どもに学ばせなければならない知識やスキルがあるのはたしかです。しかし、それをいきなり一つの教科書で一律に教えようとするのではなく、生徒のニーズに合わせて、重点のおき方や順序などを自在に変えられるようにしてもよいのではないでしょうか。障害児やＬＧＢＴの子どもたちなどのために個別の配慮もできる、ニーズに沿って選べる教材をふんだんに用意し、学校が必要に応じて教材を購入したり、教員が研修を受けるための資金を、もっと国が保障していくべきではないでしょうか。

学校ぐるみでの健康なライフスタイルづくりに向けて

学校ぐるみで健康なライフスタイルづくりに取り組むヘルシースクール・プログラ

ムも、多くの示唆を含んでいると思います。

第一に、生徒人口の特性を事前に調査したうえで、性教育をはじめとするさまざまな健康改善に取り組むしくみです。事前調査はエビデンスベースなので、説得力があるとともに、無駄がなく効率的です。性の問題は、全国津々浦々どの学校でも同じようにニーズの高いものではないかもしれません。保護者の学歴・収入の程度・外国人の比率など、地域ごとの特性、都市か農村部かの違いなどによって、性教育のニーズは異なるでしょう。日本でも、ニーズに沿って、必要なところに必要なプログラムを重点を変えながら効率的に取り入れていくしくみをつくってみてはどうでしょうか。

第二に、保健所が専門的なアドバイザーを送って学校を支え、そのアドバイスを通して、関連するさまざまな団体が協力できるしくみです。性教育であれば、「春のもぞもぞ週間」や学校での授業に、性病予防団体から指導者がきて直接生徒たちの相談に乗ったり、避妊薬や避妊具の製造会社が説明会を開いたり、医療関係者が協力したりできます。子ども劇場やブラスバンドなどの協力も得られます。

第三に、このプログラムは、学校全体が健康なライフスタイルづくりに取り組むものであるために、教員や保護者も生徒とともに学びます。現在、オランダ都市部には、半分以上の生徒が外国籍という学校が少なくありません。文化も宗教も言語も異なる数十ヵ国にもおよぶ国籍の生徒らが、同じ学校で学んでいるのです。そうした学校がヘルシースクール・プログラムを取り入れることで、保護者たちは、自分自身の文化や宗教を見直しつつ、他者のそれを受容することを学んでいます。オランダ憲法で規定されている「すべての人が平等に待遇されること」、すなわち、民族的背景によっても性的指向性の違いによっても差別されてはならないということを、大人と子どもが一緒に学んでいくのです。このようなプログラムは、性についてオープンに語れなかったり、女性を蔑視したり、未成年の性を軽んじたり、ＬＧＢＴの人たちを差別したりしている親たちを、子どもたちへの性教育に対する支援を通じて変えていく有効なやり方ではないかと思います。

第四に、学校ぐるみの取り組みは、保護者と教員の距離を縮め、子どもたちを中心とした学校共同体の建設に寄与します。子どもたちの安心と安全を保障し、健康なライフスタイルを目指す学校共同体をつくることは、言葉を変えれば、未来に期待する理想の社会を小さなスケールで実現することです。お互いを受け入れ、平等にかかわり合う社会の実現は、大人たちにとってとても難しい課題です。けれども、そうした困難を大人たちが乗り越え、横断的につながって差別やいじめのない社会を実現してみせることくらい、子どもたちに希望を感じさせるものはありません。それは、たとえば道徳の教科書で「仲良くしましょう」「いじめをなくしましょう」と教えられるよりも、ずっとずっとパワフルな学びであるに違いないのです。

あとがき

日本の子どもたちも、大人の目を気にせずに堂々と恋愛ができる時代がきたらどうでしょう。好きになった相手を家族に紹介し、双方の家族が温かく見守ってくれているなかで、お互いを高め合い、ともに生きることの意味を経験しながら学んでいくことができたなら。

大人たちが、「汚いことをするな」とか、「恋にのぼせず勉強していろ」などと小言を言わず、ちょっと片目でウィンクでもする気持ちで、「避妊を忘れちゃダメよ」と言えたなら。そもそも、思春期の子どもたちにいくら「勉強していろ」と言ったって、彼らの頭のなかは性への不安でいっぱいなのですから。

そんな時代がくることを日本に期待するのは、無理難題なのでしょうか。日本の性意識の伝統は、オランダの性教育のようなものとは合わないのでしょうか。オランダ人たちも、もともとは性をタブーとしていました。でも50年前のオランダの若者や若い親たちが、性を、愛と表裏一体のものとして受け入れ、太陽の下で堂々と語れるものとし、今でも、性を、暴力や変質行為から解放する努力を続けています。

思春期の若い子らに「公明正大に」と呼びかける日本の大人たち。でも、公明正大でないのは、大人たちのほうなのかもしれません。性を汚れたものと見なさず、堂々と語ることで、その大切さを子どもたちに伝えるほうが、子どもたちはみずからの性を尊重しようという気持ちになるはずです。性を、汚く、いやらしいものにしているのは、子どもではなく大人たちです。

自分と異なる他者をこころから受け入れることは、恋人同士や夫婦にとっても難しいことです。それを小さい時から子どもたちに学ばせずに、いったい全体、何を偉そうに、「文化や言葉や宗教や価値観の違いを乗り越えて」などと物知り顔に言えるのでしょう。

学校を、大人がつくった数知れない規則で子どもを縛りつけ、子どもたちのこころとからだをがんじがらめにしてしまう場から、子どもたちが生涯にわたって幸せに生きるための力、自己肯定感と他者への尊重を練習しながら学んでいく場に変えたいものです。性教育は、その意味で、学校教育のど真ん中にあってもよいくらい大切なものです。

本書が、日本における性教育議論に、一つの新しい視点を加えることができたならば幸いです。また、これまで、規則と管理だらけの日本の学校のなかで、子どもたちのニーズに合わせた性教育普及の努力をしてこられた方々には、深い敬意を表するとともに、その方々の尽力が真っ当なものであることを裏づける、一つのささやかな資料となれば幸いです。

最後に、本書の企画当初から興味をもっていただき、未熟な原稿への適切な助言と、行き届いた編集で、刊行までの道筋を導いてくださった日本評論社の木谷陽平さんに、この場を借りてこころからの感謝の言葉を申し上げます。

２０１８年５月吉日

リヒテルズ直子

付録

国立カリキュラム研究所（SLO）性教育学習ライン

	身体的発達と自己イメージ	親密な関係	生殖・家族・避妊	セクシュアリティ
0−4歳	**身体的発達** •性器を含み、からだの部位の名称を言える •男の子と女の子の違いを言える •自分が成長する、変化するということを言える **自己イメージ** •鏡や写真の中でどれが自分かを言える •自分が男の子か女の子かを言える	**親密な関係** •さまざまな種類の恋愛関係を言い表せる（女性と男性、男性と男性、女性と女性など） **関係づくり** •自分にとって大切な人について言葉で表せる	**生殖と家族形成** •赤ちゃんがどこからくるかをおよそ言い表せる •自分の家族の構成を言える	**セクシュアリティ** •愛情や恋愛の表現としての思いやりのある優しさや身体的な触れ合いを認識できる **性的健康とウェルビーイング** •快い接触と不快な接触を認識できる •誰が自分のからだに触れてもよいか、自分は他の人のからだのどの部分に触れてよいかを言い表せる
4−6歳（幼児）	**身体的発達** •性器を含み、からだの部位の名称を言える •性器を含み、男の子と女の子の違いを言い表すことができる	**親密な関係** •さまざまな種類の恋愛関係を言い表せる（異性関係、同性関係、バイセクシュアル）	**生殖と家族形成** •赤ちゃんがどのようにしてお腹に入りお腹のなかで育つのかを言い表せる •いろいろな家族構成があることを言える	**セクシュアリティ** •愛情や恋愛を表現するさまざまな様式をあげられる

	6−10歳 （小学校低学年）
・人の身体的発達の違いを言い表すことができる **自己イメージ** ・自分は男の子か女の子かを言える	**身体的発達** ・男性器と女性器の機能について言葉で言える ・思春期に起きる変化をあげられる（性器の発達、月経、射精） **自己イメージ** ・メディア上の人間のイメージは、しばしば日常生活でのイメージとは異なるものであることを言える
・文化や宗教の違いを超えた恋愛関係がありうることを言い表せる **関係づくり** ・友だちの意味や大切さについて言い表せる ・自分は同性や異性の誰かと友だちになれることを言い表せる ・友人関係をつくり、維持できる	**人間関係の種類** ・友人関係・恋愛・求愛などの概念や内容を説明できる ・結婚、同棲、別居結婚、離婚などの意味を説明できる ・人間関係の継続は短いことも長いこともあることを言える **関係づくり** ・恋愛と誰かに好意をもつことの違いを言える
	生殖と家族形成 ・妊娠がどのように起きるかを言える ・妊娠中のからだの変化を言える ・生殖についての事実と迷信を分別できる ・誰でも子どもをもてるわけではないことを言える
性的健康とウェルビーイング ・誰かに触られて不快な時には拒否してもよいということを知る ・誰でも自分のしたいこととしたくないことの間にボーダーラインがあることを意識する ・安全でないと感じられる状況の例をあげられる ・誰に助けを求めればよいかを言える	**性的発達** ・愛情や恋愛のさまざまな様式を言葉で説明できる ・誰かを好きになるという感情について、自分の場合や他者の場合について認識できる **性的健康とウェルビーイング** ・「イエス」「ノー」「わからない」の感情を区別できる ・「ノー」の感情をさまざまな異なる形で表現できる（ボーダーラインを超えること、不快な接触を拒否する）

	6－10歳（小学校低学年）	10－12歳（小学校高学年）
身体的発達と自己イメージ	•誰もが一人ひとりユニークな存在であり、みな自分自身を誇りに思ってよいということを言える	**身体的発達** •思春期における重要な身体的・情動的な変化をあげられる •成長過程と性器の特徴には個人差があることを説明できる •性器の衛生管理（月経や射精などの際）の仕方を言葉で言い表せる •男児・女児の割礼の防止について言える **自己イメージ** •自分の身体のポジティブな特徴をあげられる
親密な関係	•同性にも異性にも恋愛感情をもつことがあるということを言える •友人関係で大切なことは何かを言える •友人関係で自分が期待していることを表現できる •自分にとって大切な人は誰かを言える	**人間関係の種類** •友人関係とパートナーシップ関係との違いをあげられる •自由なパートナーの選択の権利とは何かを説明できる •平等で尊重心に満ちたパートナー関係や人間関係における男女平等の特徴をあげられる **関係づくり** •友情と愛情で異なる感情について言える
生殖・家族・避妊		**生殖と家族形成** •月経周期について説明できる •月経・射精・生殖の関係を言える •生殖能力があれば性交を通して妊娠することがあるということについて説明できる •性的接触は必ずしも生殖を目的としているとは限らず、喜び、快さのためでもあることを言える •子どもをもつことを延期したり計画したりすることができることを言える
セクシュアリティ	•「イエス」の感情をさまざまな異なる形で表現できる（欲望） •他の人の望むこととボーダーラインを尊重する •良い秘密と悪い秘密の区別をどのようにつけるかを言える •安心できない不快な状況やよくない秘密について助けを求めることができる	**性的発達** •性的ライフステージは人によって異なり、誰でも自分なりのテンポで性的ライフステージを決めてよいということを言える •誰にでも性的感情があることを認められる •現実におけるセックスとメディア上のセックスとの違いを言える **性的健康とウェルビーイング** •安全なセックスと危険なセックスの違いを言える

	12−15歳 （中学校）
•身体は一人ひとりユニークで特別なものであるということを言える •身体障害をもつ人々を尊重する •身体イメージについての考え方は時代や文化によって異なるということを言える	**身体的発達** •男女の違いを踏まえながら、思春期における重要な身体的・感情的な変化を言える •身体上の変化が不安の原因となることがあるが、それは一過性のものであることを知っている •生理と射精で何が起きるかを説明できる •処女膜に関する事実と迷信を言える •（男女の）割礼とは何かを説明し、それがどういう役割や帰結をもっているかを説明できる
•多様な種類の人間関係において、他にもさまざまな親密な関係が存在することを言える	**人間関係の種類** •友情、恋、愛情、欲望の違いを言える •年齢、性別、宗教、文化が、恋愛関係における役割期待や役割行動に影響を与えるものであることを説明できる •平等でお互いに尊重心をもつという観点から、ポジティブなパートナーシップをもてる •不平等で尊重心の欠落したパートナーシップについてさまざまな形式をあげられる
避妊、妊娠の予防 •妊娠を回避するには何ができるかを言える •避妊にはどのような方法があるかの概要を言える	**生殖と家族形成** •女の子が受胎可能な時期はいつかを説明できる •妊娠した場合の症状を言える •受胎可能性と不妊症についての理解を深める •10代の妊娠と未成年で親になることについての理解を深める **避妊** •避妊しない性交渉は妊娠につながることを説明できる
•望ましいことと望ましくないこと、自由意志によるセックスと自由意志に基づかないセックスの違いを言える •性的にしてはいけないことの多様な形態とその帰結を言える •危険または望まないセックスを回避する方法を言える •危険または望まないセックスについて助けを求める方法を言える	**性的発達** •セクシュアリティのさまざまな表現形式をあげられる •セクシュアリティについて自分自身がどこまで準備ができているかを説明できる •はじめての性交渉のためにどう準備をしておかなければならないかを説明できる •性体験・性行動・性的指向性には人それぞれ相違があることを言える •セクシュアリティに関して男の子と女の子の役割期待には相違があることを言える

12−15歳
（中学校）

身体的発達と自己イメージ

自己イメージ

- 自分の身体についての感情が、いかに健康や自己イメージに影響を与え得るかを説明できる
- メディア上の理想的な身体イメージと現実とを区別できる
- メディア上の理想的なイメージが自分の自己イメージに対して与える影響をあげられる
- 自分自身の性器の特徴が自分のジェンダーアイデンティティとは異なることがあることを言える
- 外見・身体あるいはジェンダーアイデンティティの問題に関してどのように助けを求めればよいかを言える

親密な関係

恋愛関係の形成

- 自分が好感をもっている人に対して、異なる方法でコンタクトを取る方法をあげられる（オンラインおよびオフライン）
- 恋愛関係を快いものとして維持するにはどんなことができるかを説明できる
- 恋愛関係をお互いへの尊重心をもって終わらせるにはどうすればよいかを説明できる
- 恋愛関係におけるニーズや期待についてコミュニケーションすることの重要性を指摘できる
- 親密な関係における親近感やプライバシーのニーズを認識できる

生殖・家族・避妊

- 多様な避妊方法と、その機能について言える
- 避妊方法のそれぞれについての長所と短所をあげられる
- 多様な避妊方法をどのように効果的に使うかを説明できる
- 避妊やその使用に関する迷信をあげられる

セクシュアリティ

- 現実のセクシュアリティとメディア上のセクシュアリティとの違いは何かを説明できる
- 金銭を支払って行われる性交渉のさまざまな様式をあげられる
- 性的権利をあげられる

性的健康とウェルビーイング

- 安全なセックスと危険なセックスの違いを説明できる
- 危険な性交渉の帰結をあげられる（性病、望まない妊娠）
- 主要な性病（エイズを含む）についてその症状・帰結・治療法を説明できる
- 適切なコンドームの使い方を説明できる
- コンドームの長所と短所をあげられる
- コンドームを使わないセックスをどのように拒否するかを説明できる
- 望まれるセックスと望まれないセックス、自由意志のセックスと自由意志に基づかないセックスの違いを説明できる

	15−18歳 （高校）
	身体的発達 ・思春期における女の子と男の子のホルモンの影響を記述できる ・体格・身体の特徴・外見の特徴・性器は人によって多様であることを受け入れられる ・身体の発達に関する問題についてどのようにして助けや助言を求めるかを言える **自己イメージ** ・メディアにおける理想の身体イメージや、それが自分自身の自己イメージに与える影響について批判的に考えられる ・性器の特徴と自分のジェンダーアイデンティティが異なる場合があることを指摘できる
	恋愛関係の種類 ・恋愛関係の多様性を受け入れオープンな態度をもっている ・恋愛関係における差別行動や不平等、暴力や強制を認識し、これらを拒否できる **恋愛関係形成** ・パートナーシップをどのように築き維持できるかの方法を言える ・性的な役割期待や役割についての意見の違いがパートナーシップにおいて対立や誤解を生むことがあるということを説明できる ・パートナーシップにおいて、激しい感情や意見の違いを防止する方法をあげられる
	生殖と家族形成 ・月経周期の乱れを引き起こす要因をあげられる ・生殖能力に影響を与える要因をあげられる ・妊娠の可能性がある場合の兆候を認めることができる ・子どもをもつとどんな責任が生じるかをあげられる ・未成年で親になると自身の生活にどんな帰結が生じるかを言える ・妊娠や未成年で親になることについて、助けや助言をどこでどのように求めればよいかを言える **避妊、妊娠の予防** ・さまざまな避妊方法とその働きを言える
・どのようにして性的接触を拒否するかを説明できる ・危険あるいは望まないセックスと性的にしてはいけない行動について、何か問題が起きた時に助けや情報を得る方法を言える	**性的発達** ・性体験・性行動・性的指向性における相違を認めている ・セクシュアリティにおける男の子と女の子の役割期待に違いがあることを認めている ・セクシュアリティに関する自分の価値意識や道徳観を意識している ・性の権利とは何かを説明できる **性的健康とウェルビーイング** ・コンドームの使用は性病から自分を守るものであることを知っている ・コンドームの使用を他者に説得するうえでの根拠をあげられる ・性病の（疑いがある）時に何ができるかを言える

	身体的発達と自己イメージ	親密な関係	生殖・家族・避妊	セクシュアリティ
15−18歳 （高校）	•外見・身体的特徴またはジェンダーアイデンティティの問題が起きた場合、助けを求めることができる	•恋愛関係において自分のニーズや期待をどう相手に伝えるかを説明できる	•さまざまな避妊方法の長所と短所を言える •さまざまな避妊方法をどう効果的に使うかを説明できる •自分に相応しい避妊方法を選ぶことの重要性を説明できる •避妊と妊娠の予防は男の子と女の子の両方の責任であることを認めている •避妊方法の選択と使用について、パートナーとどうコミュニケーションするかを説明できる •避妊手段はどこでどのように入手できるかを言える •避妊が失敗した場合、何ができるかを言える •計画していなかった、または望まない妊娠が生じた（または疑われる）場合に助けや助言をどこでどう得るかを言える	•どんな状況の時、セックスが安全ではない、快適ではない、望ましくないかを言える •ジェンダー規範や役割期待が、いかに男女の役割への期待や、性的にしてはいけない行動に影響を与えているかを言える •どのような性行動（性的なテキストメッセージを送る、児童ポルノ、オンライン上での誘惑、暴行、強姦）が処罰の対象になるかを言える •アルコールや麻薬などが、危険でしてはいけない性行動を促すことがあることを言える •女の子と男の子のそれぞれについて、最もよく起きる性的な問題をあげられる •危険ないしは望まない性交渉や性問題に関して、どこでどう助けを求めたり情報を得られるかを説明できる

出典：SLO Leerplankader/Sport, bewegen en gezonde leefstijl, Thema: Relaties en seksualiteit.
(http://gezondeleefstijl.slo.nl/themas2/relaties-en-seksualiteit)（２０１６年11月時点）

文献・注

第1章

［★1］ World Health Organization Regional Office for Europe: Growing up unequal: Gender and socioeconomic differences in young people's health and well-being. Health Behaviour in School-aged Children（HBSC）Study, International Report From the 2013/2014 Survey, 2016.

第2章

［★1］ 安楽死については、現在でも、医師や看護師などの医療関係者には、宗教や倫理上の理由で同意できない場合、安楽死にかかわることを拒否する権利が認められている。

［★2］ "Kabinet schrikt van toename aantal eerwraakdoden（内閣は名誉毀損死の増大にショックを受ける）". Algemeen Dagblad, 25 April 2014.

［★3］ ハンガーストライキについては"Vluchtelingen Alphen in staking om discriminatie（アルフェンの難民、差別に向けてストライキ）". Algemeen Dagblad, 11 december 2015など。COCの支援については、同団体のホームページ掲載の記事（https://www.coc.nl/algemeen/lhbt-asielzoekers-in-hongerstaking）などを参照。

アムステルダムの難民収容所がLGBTのために別棟を設けたことには批判もある。"Amsterdam vangt homoseksuele vluchtelingen apart op in woningen, na bedreigingen en incidenten in de opvangcentra". Het Parool, 5 december 2015では、別棟の設置がかえってLGBTの特別視につながる、難民たちはオランダ社会では同性愛者も人権を認められていることを受け入れ、そうした社会に適応して行動すべき、との意見が述べられている。

［★4］ オランダ語原文は以下: Allen die zich in Nederland bevinden, worden in gelijke gevallen gelijk behandeld. Discriminatie wegens godsdienst, levensovertuiging, politieke gezindheid, ras, geslacht of op welke grond dan ook, is niet toegestaan.

第3章

［★1］ 「春のもぞもぞ週間」性教育の成功を受け、ルトガース研究所は、現在、アメリカやイギリス、またアフリカの英語圏の国などでも、「スプリング・フィーバー（春の熱＝恋の熱）」と称して、同様のやり方で性教育の普及に努めている。

［★2］ Rutgers: *Seksuele Ontwikkeling van Kinderen 0-18 jaar*. p.6, 2016.

［★3］ Sanderijn van der Doef & Marion Latour: *Nee!*. Ploegsma, 2009.

［★4］ 授業で使うスライドを見ることができるウェブサイト：http://www.kriebelsinjebuik.nl/projects/rutgers/web/client/index.html?id＝3#145

〔★5〕ルトガース研究所による*Kriebel in je buik*という性教育授業マニュアルに含まれる、小学3年生向けの授業の一部を紹介した以下のウェブサイトから、この授業の様子をダウンロードできる：http://www.lespakketportaal.nl/document.html?pdf=http%3A%2F%2Fwww.schoolbordportaal.nl%2Fdata%2Fftpstorage%2Frutgershandleidinggroep5.pdf%0A%0A&title=Kriebels%20in%20je%20buik%20|%20groep%205%20handleiding%20|%20Rutgers

〔★6〕オランダでは「売春」は合法化されており、売春婦は自営業者として経営している。ただし、合法的な「売春」とは、売春行為をしている本人が21歳以上で、それを自由意志に基づいて行っている場合に限られる。強制された売春は処罰の対象となる。動画のなかでも、警察官は、強制的な売春や21歳未満の売春を取り締まっていると説明する（https://www.schooltv.nl/video/de-dokter-corrie-show-zoenen/）。

〔★7〕Rutgers: *Seksuele Ontwikkeling van Kinderen 0-18 jaar*. p.11, 2016.

〔★8〕*Kriebel in je buik*に含まれる、小学5年生向けの授業の一部を紹介した以下のウェブサイトから、この授業の様子をダウンロードできる：http://www.leermiddelenportaal.nl/document.html?pdf=http%3A%2F%2Fwww.schoolbordportaal.nl%2Fdata%2Fftpstorage%2Frutgershandleidinggroep7.pdf%0A%0A&title=Kriebels%20in%20je%20buik%20|%20groep%207%20handleiding%20|%20Rutgers

〔★9〕Rutgers WPF: *Relaties & Seksualiteit-Leskatern groep 7-8*. p.87, 2011.

〔★10〕前掲書中の"IV Seksuele weerbaarheid, Les13: Wat is seksueel misbruik en waar vind je hulp?（性的抵抗力 授業13：性犯罪とは何か、どこで助けを求めることができるか）", pp.83-88をもとに再構成して紹介した。

〔★11〕Rutgers: *Seksuele Ontwikkeling van Kinderen 0-18 jaar*. p.12, 2016.

〔★12〕World Health Organization Regional Office for Europe: op.cit. pp.23-30.

〔★13〕Rutgers WPF: *Let's Talk*. 2007.

第4章

〔★1〕Rutgers WPF: *Relaties & Seksualiteit, Leskatrn Groep 1-2*. p.26, Les 4: Ik ben een jongen en jij bent een meisje, 2011.

〔★2〕Soa Aids Nederland & Rutgers: *Lang Leve de Liefde: Seksuele Diversiteit en Genderdiversiteit-Lesbrief bij lespakket Lang Leve de Liefde (revised version)*. pp.11-12, 2016.

第5章

〔★1〕Rutgers & CED Groep: *Seksuele opvoeding van kinderen met een beperking 0-18 jaar*. 2016.

〔★2〕op.cit., p.4.

第6章

［★1］ Soa Aids Nederland & Rutgers WPF: *Lang Leve de Liefde*. p5, 2012.

［★2］ RutgersWPF: *Relaties & Seksualiteit Leskatern groep 1-2*. p.13, 2011.

［★3］ RutgersWPF: *Relaties & Seksualiteit Leskatern groep 5-6*. p.15, 2011.

［★4］ op.cit., p.68.

［★5］ RutgersWPF: *Relaties & Seksualiteit Leskatern groep 7-8*. p.20, 2011.

［★6］ RutgersWPF: *Relaties & Seksualiteit Leskatern groep 5-6*. p.32, 2011.

［★7］ RutgersWPF: *Let's Talk-Praten met jongeren over seksualiteit, rolopvattingen en weerbaarheid*. p.8, 2014.

［★8］ Soa-Aids Nederland & Rutgers WPF: *Lang Leve de Liefde*. p.6, 2012.

［★9］ RutgersWPF: *Relaties & Seksualiteit Leskatern groep 7-8*. p.69.

［★10］ Soa-Aids Nederland & Rutgers WPF: *Lang Leve de Liefde*. p.6, 2012.

第7章

［★1］ James Carleton Kennedy: ***Building New Babylon: Cultural Change in the Netherlands during the 1960's***. 1995 Graduate College of The University of Iowa (Ph.D. Thesis).

［★2］ op.cit., pp.28-29.

［★3］ ベッカーズ司教の発言と避妊ピルの普及については、ルトガース研究所の公式サイトにあるDutch Lessons in Love Part 1: Sixty years of sexual evolutie in the Netherlands（愛についてのオランダの授業パート1:オランダにおける性革命の60年）という動画でも取り上げられている。

［★4］ この節の内容は、ルトガース研究所の公式サイト（rutgers.nl）の情報を中心に、ウィキペディア（オランダ語版）で補助的に確認しながら記述した。

［★5］ この節の内容は、COC（www.coc.nl）、Expreszo（www.expreszo.nl）、GSA（www.gsanetwerk.nl）、De Roze Olifant（www.derozeolifant.nl）それぞれの公式サイトの情報に基づいて記述した。

［★6］「遊戯室」とはオランダ語でPeuter Speelzaalと呼ばれるもので、多くの場合、初等学校に付設されている。通常、自治体が資金を拠出して、とくに移民家庭など、オランダ語を母国語としなかったり、親の学歴が低い家庭の2-4歳の幼児が、週に4回、半日ずつここで遊びながら、オランダ語の語彙を増やし、初等学校入学の準備をすることを目指している。

第8章

［★1］ 森木美恵（日本大学人口研究所）「全国調査『仕事と家族』より―女性の就労観と夫婦間の性交渉の頻度について」『中央調査報』No.606、5373-81頁、2008年（http://www.crs.or.jp/backno/old/No606/6061.htm）

［★2］ Jannie Regnerus: *Het geluid van vallende sneeuw:Herinnering aan Japan*. Wereldbibliotheek, 2006.

［★3］ 七生養護学校の性教育に関するいわゆる「七生養護学校事件」については、児玉勇二『性教育裁判―七生養護学校事件が残したもの』（岩波書店、2009年）、金崎満『検証 七生養護学校事件―性教育攻撃と教員大量処分の真実』（群青社、2005年）、中京テレビの番組「ニッポンの性教育 セックスをどこまで教えるか」（2013年5月25日放映）を中心に、ネット上の情報も参考としながら記述した。

［★4］ Rutgers & CED Groep: *Seksuele opvoeding van kinderen met een beperking 0-18 jaar*.

［★5］ 教育サポート機関（ＣＥＤ）とは、学校および教員のために、研修授業や教材開発事業を行う民間教育シンクタンク。1960年代以降、オランダ各地に、国と自治体の資金で設置され、最も多かった時期には全国に約60ヵ所あった。現在は民営化されているが、顧客はほとんどが学校で、学校は、国から支給される研修費を使って教育サポート機関のサービスを購入している。

［★6］ 女性の権利プロジェクト「日本：強要されるアダルトビデオ撮影 ポルノ・アダルトビデオ産業が生み出す、女性・少女に対する人権侵害」2016年（http://hrn.or.jp/news/6600/）

［★7］ 柳澤伯夫「女は産む機械」発言、石原慎太郎「ババア発言」（「女性が生殖能力を失っても生きてるってのは無駄で罪」）「（重度障害者に対して）ああいう人ってのは人格あるのかね」「最近、女装した男のテレビタレントが大流行だが（中略）世の中が衰退し、何でもありと狂ってきた証なのだろうか」、舛添要一「女性は政治に向かないと思う。（中略）女は生理のときはノーマルじゃない」「あのオバタリアンは全部“あがった”人ばかりなんでしょう」、森喜朗「子どもを一人もつくらない女性が（中略）自由を謳歌して、楽しんで、年とって（中略）税金で面倒みなさいというのは、本当におかしい」など。

リヒテルズ直子
(りひてるず・なおこ)

1955年生まれ。九州大学大学院博士課程修了。専攻は比較教育学・社会学。1996年よりオランダ在住。グローバル・シチズンシップ・アドバイス&リサーチ社代表、日本イエナプラン教育協会特別顧問。著書に『世界一子どもが幸せな国に学ぶ愛をもって見守る子育て』(カンゼン)、『オランダの教育』『オランダの個別教育はなぜ成功したのか』『オランダの共生教育』(いずれも平凡社)、『公教育をイチから考えよう』(共著、日本評論社)ほか、訳書にセンゲら『学習する学校』(英治出版)がある。

0歳《さい》からはじまる
オランダの性《せい》教《きょう》育《いく》
2018年6月20日　第1版第1刷発行

著　者　リヒテルズ直子《なおこ》
発行者　串崎 浩
発行所　株式会社日本評論社
〒170-8474
東京都豊島区南大塚3-12-4
電話 03-3987-8621［販売］
03-3987-8598［編集］
振替 00100-3-16
装　幀　木庭貴信＋岩元 萌（オクターヴ）
印刷所　三美印刷株式会社
製本所　株式会社難波製本

省検
略印

 ISBN978-4-535-56364-3